Mumm

Gäste
stilvoll verwöhnen

ELEGANT
TROCKEN
DRY
SEKT

Mumm

Gäste

stilvoll verwöhnen

Mumm

Inhalt

Mit Mumm Akzente setzen

Wer eine Party mit Eleganz und Stil ausrichten möchte, braucht kein großes Budget, sondern originelle Ideen und Organisationstalent. In diesem Buch finden Sie eine Fülle an wertvollen Tipps für Ihre Rolle als perfekter Gastgeber. Dazu gehören inspirierende Gestaltungsvorschläge für Ihre nächste Einladung, stilvolle Dekorationstipps für den gedeckten Tisch und natürlich Zubereitungsvorschläge für köstliche Sektvariationen – denn manchmal muss es eben Mumm sein.

Mumm ist die Sektmarke für anspruchsvollen und gepflegten Lebensstil und ein Garant für Eleganz und guten Geschmack. Genießer schätzen an Mumm das gute Gefühl, etwas Besonderes gewählt zu haben. Als Leser dieses Buches können Sie sicher sein, einen außergewöhnlichen und innovativen Ratgeber rund um das Thema Gastlichkeit in den Händen zu halten.

Seien Sie ein perfekter Gastgeber, planen Sie den Ablauf und nehmen Sie sich Zeit für Details, wie das Menü, die Tischdekoration, die Sitzordnung. Setzen Sie Akzente und es wird für Sie und Ihre Gäste ein unvergessliches Ereignis.

Wir wünschen Ihnen viel Spaß beim Lesen des Buches und viel Vergnügen bei Ihrer nächsten Einladung zu einem prickelnden Fest.

Basics für Gastgeber

Was für ein Fest soll's denn sein?

Wichtig ist es, dass Ihr Fest zu Anlass, ausgewählten Gästen, Geldbeutelgröße und Ressourcen passt. Und je genauer Sie es planen, desto mehr können Sie es auch selbst genießen!

ANLÄSSE GIBT ES VIELE Möchten Sie ein besonderes Ereignis feiern, das nur einmal im Leben stattfindet, wie eine Hochzeit, eine Taufe oder ein Jubiläum? Oder möchten Sie sich damit für einige Einladungen revanchieren oder ein paar Leute einladen, um sie besser kennen zu lernen? Oder gibt es gar keinen besonderen Anlass und Sie möchten einfach nur mit einigen Freunden bei Cocktails und kleinen Leckereien einen netten Abend verbringen?
Egal, welches Ziel Sie verfolgen, eins haben alle gelungenen Einladungen und Feste gemeinsam: eine detaillierte Planung.

DER ZEITFAKTOR Es ist nicht verwunderlich, dass ein wichtiger Faktor zur Auswahl der Art Ihrer Party die Zeit ist, die Ihnen zur Organisation und Vorbereitung zur Verfügung steht. Ein großes Jubiläumsessen mit Tanz erfordert mehr Planung als ein Sonntagsbrunch mit Freunden. Wer sein Fest von A bis Z selbst in die Hand nimmt, braucht mehr Zeit zur Vorbereitung, als derjenige, der nur die Dekoration selbst übernimmt und das Essen vom Partyservice bestellt. Je mehr Personen an der Vorbereitung beteiligt sind, desto wichtiger ist das Zusammenspiel, sprich: das Treffen wichtiger Entscheidungen zur richtigen Zeit. Dafür sollten Sie vorab ein detailliertes Konzept erstellen – und das braucht eben seine Zeit!

KASSENSTURZ Je nach Anlass variieren auch die Kosten für eine Feier stark. Ein Fest im förmlichen Rahmen ist in der Regel kostspieliger als eine lockere Einladung, große Feste sind teurer als kleine, am Tisch serviertes Essen kostet in der Regel mehr als ein Buffet und Fingerfood.
Überlegen Sie sich also genau, welche Art von Party Sie geben möchten, um nicht mehr auszugeben, als Ihnen lieb ist. Prioritäten zu setzen, hilft dabei. Ob Dekoration, Unterhaltung, Speisen- oder Getränkeauswahl – veranschlagen Sie den größten Teil des Budgets für den Aspekt, der Ihnen bei der Party am wichtigsten ist.

TIPP *Sehen Sie stets einen Posten für unvorhergesehene Kosten vor. So kommen Sie nicht in die Versuchung, Ihr kalkuliertes Budget zu überschreiten.*

PLATZ MACHEN Raum ist in der kleinsten Hütte. Nehmen Sie sich daher die Zeit, sich in all Ihren Räumen gut umzusehen und überlegen Sie, wie Sie den zur Verfügung stehenden Raum optimal nutzen können. Je mehr Bewegungsspielraum Sie so schaffen, desto länger kann Ihre Gästeliste sein. Das gilt insbesondere für Einladungen, bei denen die Gäste überwiegend stehen, wie bei einem Sektempfang.
Denken Sie aber nicht nur an genügend Raum für Gäste. Denn wenn ausgiebig getafelt wird, muss auch die Küche dafür geeignet sein. Genügend Abstellflächen für die Vorbereitung des Essens müssen vorhanden sein, aber auch für benutztes Geschirr und Gläser. Ressourcen in Kühlschrank, Tiefkühlfach und Backofen sollten ausreichend sein oder gegebenenfalls durch Leihgeräte ergänzt werden (Abstellfläche!).

Welches Fest zu welcher Zeit?

Auch wenn heute Einladungen viel kurzfristiger geplant und unkonventioneller ausgesprochen werden – die richtige Uhrzeit und der geeignetste Wochentag sind nach wie vor mitentscheidend für den Erfolg der Party.

DER RICHTIGE ZEITPUNKT Vorbei sind die Zeiten, als für die Bewirtung von Gästen zu Hause formelle Regeln galten. Zu den wenigen, noch gültigen „Überlieferungen" zählt, dass klassische Feste an bestimmten Wochentagen und zu bestimmten Zeiten gefeiert werden:
Für Familienfeste aller Art und für Hochzeiten sind Samstage sehr beliebt. Das bietet sich vor allem deshalb an, weil oft einige Gäste eine weitere Anreise haben. Für Feiern mit Geschäftspartnern oder Freunden wird oft der Donnerstagabend gewählt. Alternativ dazu ist aber auch der Montagabend ein guter Termin für private Feiern, da man das Wochenende für Vorbereitungen nutzen kann.

DIE PARTYUHR Hier eine kleine Orientierungshilfe, zu welcher Uhrzeit die Klassiker unter den Festen üblicherweise beginnen:
Der Sektempfang hat einen leicht formellen Rahmen und findet zwischen 11 und 12 Uhr statt. Zum obligatorischen Sekt, mit dem auf ein Ereignis angestoßen wird, reicht man einen kleinen Imbiss – meist Fingerfood.
Das Sektfrühstück findet ebenfalls ab 11 Uhr statt (es sei denn, der Gästeanteil mit Kindern ist bei der Einladung sehr hoch – dann ist ein Beginn gegen 10 Uhr empfehlenswerter) und endet irgendwann am frühen Nachmittag. Beim Sektfrühstück geht es recht ungezwungen zu und die Grenzen zum Brunch sind fließend – je nachdem wie üppig das Speisenangebot gestaltet wird.
Etwas aus der Mode gekommen ist das Déjeuner, die Einladung zum kleinen Mittagessen.
Teatime ist ab 15 Uhr nachmittags angesagt. Perfekt serviert man den Tee mit Milch oder Sahne sowie mit mehreren Sorten Zucker neben Teegebäck und kleinen Sandwiches.

Die deutsche Variante ist die Einladung zum Kaffee, die zwischen 15 und 16 Uhr beginnt. Hier wird auf Pikantes, aber nicht auf Torten und Schlagsahne verzichtet.
Zur Happy Hour trifft man sich ab 17 Uhr bzw. nach der Arbeit, um mit ein oder zwei Drinks den Feierabend einzuläuten.
Der Beginn von Cocktail-Partys, auf denen es traditionell etwas feiner zugeht, liegt zwischen 19 und 21 Uhr. Hier werden Getränke und Fingerfood im Stehen gereicht.
Die klassische Einladung zum Abendessen wird bei uns üblicherweise für 20 Uhr ausgesprochen.

DER RICHTIGE TERMIN Legen Sie das Datum Ihres Festes möglichst früh fest (große Ereignisse, wie ein Jubiläum oder ein runder Geburtstag, die einen festen Termin haben, sind von den nachfolgenden Überlegungen ausgenommen).

Bevor Sie Ihren Termin festlegen, lohnt sich ein Blick in den lokalen Veranstaltungskalender und in das Fernsehprogramm. Lassen Sie es gar nicht erst zu, dass Ihre Gäste sich zwischen dem langersehnten Konzert-Highlight beziehungsweise der spannenden Fußball-Übertragung und Ihrer Party entscheiden müssen.
Prüfen Sie, ob der Tag in die Schulferien fällt oder ob ein Brückentag vor dem Wochenende Reiselustige oder Familien zu einem Urlaub animieren könnte. Ganz schwierig wird es in der Vorweihnachtszeit, denn dann sind die meisten Kalender sehr voll, so dass man für diesen Zeitraum möglichst früh einladen muss.

Wie organisiere ich alles?

Der einfachste Weg, um bei der Planung alle relevanten Punkte zu berücksichtigen, ist, sich den Ablauf der Party von Anfang bis Ende in Gedanken vorzustellen.

GEDANKENSPIELE ZU BEGINN
Sind ausreichend Parkmöglichkeiten vorhanden? Wo soll die Garderobe aufgebaut und wo der Aperitif serviert werden? Wo wird die Tafel beziehungsweise das Buffet platziert? Sind ausreichend Sitzgelegenheiten vorhanden? Welche Raum- und Tischdekoration wird benötigt? Welche Art von Beleuchtung soll es sein? Wird getanzt? Wenn ja, wo und zu Livemusik oder zu CDs? Legen Sie sich am besten möglichst früh eine Checkliste an.

TIPP *Für alle, die öfter einladen, bietet sich ein Partybuch an, in dem man alle wichtigen Details zu Ihren Einladungen notiert und in dem man immer wieder nachschlagen kann.*

WAS GIBT'S ZU ESSEN? Eine zentrale Frage. Die Antwort hängt davon ab, welche Art und welche Anzahl von Gästen Sie erwarten. Sind Ihre Gäste überwiegend jung oder haben Sie auch einige ältere darunter, die vielleicht eine Diät einhalten müssen? Haben alle einen herzhaften Appetit oder sind sie eher wählerisch und erwarten immer die neuesten kulinarischen Trends?
Natürlich müssen Sie auch überlegen, welchen Aufwand Sie für das Essen betreiben wollen. Möchten Sie alle Register der Kochkunst ziehen oder lieber etwas Einfaches und dennoch Raffiniertes servieren? Haben Sie viel Zeit für Vorbereitungen oder muss es eher schnell gehen?
Wenn Sie das Menü festgelegt haben, wählen Sie die passenden Getränke dazu aus (siehe dazu Seite 30).

MACHEN SIE INVENTUR Überprüfen Sie, ob Ihr Haushalt für den Event ausreichend gerüstet ist. Haben Sie genug Küchenausstattung, Geschirr, Besteck, Gläser, Tischwäsche und Servietten? Reichen Ihre Möbel für Sitzgelegenheiten und Abstellmöglichkeiten aus? Haben Sie ausreichend Garderobenplatz und Bügel? Wenn nicht, können Sie sich das ein oder andere sicher bei Bekannten oder Verwandten ausleihen. Oder Sie nehmen den Dienst eines professionellen Mietservice in Anspruch.

KÜCHENHILFEN Auch wenn die Party bei Ihnen zu Hause stattfindet, sollten Sie sich nicht alleine um das Wohl Ihrer Gäste kümmern müssen. Überlegen Sie sich, welche Art von Hilfe Sie benötigen könnten. Einen Barkeeper für die Cocktails? Jemanden der Ihnen in der Küche zur Hand geht oder serviert, gebrauchte Teller und Gläser wieder abräumt oder die Spülmaschine befüllt?
Freunde oder Verwandte freuen sich meist, wenn sie um Hilfe gebeten werden (eingeladene Gäste ausgenommen!). Auch Teenager aus der Nachbarschaft oder Studenten können oft etwas Geld gebrauchen und sind motiviert bei der Sache. Oder engagieren Sie Leihpersonal.

TIPP *Denken Sie daran, genug Zeit oder Hilfe einzuplanen, um das Silberbesteck und die Gläser auf Hochglanz zu polieren sowie das Bad und die Wohnung zu putzen – und zwar vor und nach dem Fest!*

GUTE AUFHÄNGER Lassen Sie Ihre Gäste nicht im Mantel stehen, nur weil an der Garderobe Platzmangel herrscht. Leihen Sie lieber einen zusätzlichen Garderobenständer, denn niemand wühlt gerne seine Jacke aus einem Mantelberg!

GUTER EMPFANG Vermeiden Sie Stauungen im Eingangsbereich – auch wenn, wie so oft, alle Gäste auf einen Schwung kommen. Sorgen Sie für einen netten ersten Eindruck. Neben dem oben erwähnten ausreichenden Garderobenplatz sollten Sie deshalb auch ein dekoratives Gefäß mit Wasser bereitstellen, um Blumengeschenke schnell zwischenlagern zu können.

Reichen Sie den vorbereiteten Aperitif dort, wo sich Ihre Gäste auch gefahrlos für die Dauer eines Glases aufhalten können – also nicht unbedingt im Eingangsbereich.

TON-ANGEBEND Die Musik sollte den Charakter Ihrer Veranstaltung auf angenehme Art unterstreichen und auch die passende Atmosphäre für ein eventuelles Motto schaffen.
Ob Sie Livemusiker oder einen DJ engagieren oder ob Sie selbst die Musik des Abends zusammenstellen, machen Sie sich und vor allem auch den engagierten Profis klar, welche Stimmung Sie erzeugen wollen.
Und wenn getanzt werden soll, achten Sie auf genügend Bewegungsfreiheit.

COUNTDOWN Wenn Sie absehen können, dass Ihrer Feier, wie Sie sie sich vorstellen, nichts mehr im Wege steht und Sie alle Eventualitäten bedacht haben, dann verschicken Sie die Einladungen und informieren die Nachbarn.
Nachfolgend finden Sie einen kurzen Zeitplan für das richtige Timing der Organisationsschritte:

VIER WOCHEN VORHER
- Gäste einladen
- groben Speiseplan entwickeln
- Ausstattungsliste anlegen
- evtl. Personal buchen
- Dekoration planen

DREI WOCHEN VORHER
- gesamte Speisenfolge festlegen, evtl. spezielle Ernährungsgewohnheiten der Gäste berücksichtigen
- Getränkeliste zusammenstellen, evtl. Getränke vorbestellen

ZWEI WOCHEN VORHER
- Gäste anrufen, die bisher nicht auf die Einladung reagiert haben
- Tischwäsche und Geschirr kontrollieren, evtl. ausleihen

EINE WOCHE VORHER
- detaillierte Einkaufslisten anlegen und einzelne Lebensmittel evtl. vorbestellen
- Speisen, die eingefroren gelagert werden können, vorkochen

DREI TAGE VORHER
- gut lagerbare Lebensmittel und Getränke einkaufen
- Gäste anrufen, die sich noch immer nicht gemeldet haben
- mit den ersten Dekorationen beginnen

ZWEI TAGE VORHER
- Dekorationen fertig stellen
- Tischkärtchen und Speisekarten schreiben
- restliche (frische und vorbestellte) Lebensmittel und Dekorationen einkaufen
- Speisen, die im Kühlschrank gelagert werden können, zubereiten
- Eiswürfel vorbereiten oder Eisblock bestellen

AM VORTAG
- Blumen kaufen, anschneiden, wässern und kühl stellen
- Getränke kühl stellen
- Möbel umstellen bzw. auslagern, Bar/Buffet aufbauen
- Geschirr, Besteck, Gläser und Tischwäsche bereitstellen
- Gläser und Silber polieren
- Dekorationen arrangieren
- frische Säfte für Cocktails vorbereiten und im Kühlschrank lagern
- Platz für Gästegarderobe schaffen
- Gäste-WC und Bad putzen, Seife und Gästehandtücher bereitlegen

AM TAG DER FEIER
- Blumen arrangieren
- Speisengarnituren fertig stellen
- gekühlte Speisen aus dem Kühlschrank nehmen
- Flaschenöffner und Korkenzieher bereitlegen
- Mülleimer leeren, Spülmaschine ausräumen
- Tisch decken

ZWEI STUNDEN VORHER
- Getränke bereitstellen
- die eigene Garderobe zurechtlegen
- entspannen, z. B. ein Bad bei einem Gläschen Mumm Dry nehmen
- Musik und Beleuchtung testen
- letzter Check für Räume, Tisch, Bad und Küche

Wen lade ich ein?

„Gegensätze ziehen sich an“ oder „Gleich und gleich gesellt sich gern“ – beide Sprichwörter können hier Gültigkeit haben. Und beide sollten Sie bei der Erstellung Ihrer Gästeliste im Auge behalten.

SAMMLUNG Die Art der Feier hat großen Einfluss auf die Auswahl der Gäste. Zu einem Abendessen im kleinen Kreis sollten Sie möglichst Gäste einladen, die harmonieren oder die Sie gerne näher miteinander bekannt machen möchten. Auf einer größeren Feier oder Cocktailparty können auch schon mal konträre Meinungen vertreten werden. So können dann auch einige Bekannte darunter sein, die sich nicht besonders sympathisch sind. Überlegen Sie also vorher schon, wer zu wem passt, wen Sie einander vorstellen möchten. Versuchen Sie dabei Paare und Singles zahlenmäßig auszugleichen oder laden Sie lieber mehr Einzelpersonen ein.

BESONDERE GÄSTE Bei größeren Feiern zu offizielleren Anlässen müssen Sie vor allem die „Muss-Gäste“ berücksichtigen: kein Hochzeitsjubiläum ohne Trauzeugen, keine Jubiläumsfeier ohne langjährige Mitarbeiter und Ehepartner etc. Aber auch Bekannte und Freunde, bei denen Sie bereits eingeladen waren, sind in gewisser Weise Muss-Gäste bei einer Feier im größeren Kreis.

HAUSFREUNDE Bei größeren Festen ist es selbstverständlich, die Nachbarn zu informieren. Und wenn diese zu den eingeladenen Gästen passen, dann ersparen Sie ihnen doch die Lärmbelästigung durch die Party und laden Sie sie einfach dazu ein! Ist Letzteres nicht möglich, dann stimmen Sie Ihre Nachbarn doch durch eine Flasche Mumm Dry oder durch einen kleinen Blumenstrauß gnädig.

ALTE SCHULE Bei größeren Tischrunden kann man bei der Tischordnung durch geschickte Platzierung der Gäste einiges zum harmonischen Ablauf des Abends und zur guten Unterhaltung beitragen. Setzten Sie beispielsweise keine Gäste nebeneinander, die sich nicht verstehen oder die zu gegensätzliche Interessen haben. Genauso ungünstig ist die Nachbarschaft zweier Gäste mit gleichem Beruf oder auch mit zu großem Altersunterschied.
Als Gastgeber sollten Sie so platziert sein, dass Sie einen möglichst guten Überblick über Ihre Gäste haben. Für Ehrengäste sind die Plätze neben den Gastgebern reserviert.

KLEINER KNIGGE Beim Aufstellen der Tischordnung setzt man üblicherweise Damen neben Herren – also bunte Reihe. Ehepartner können auch getrennt gesetzt werden. Kleinkinder, die noch nicht selbstständig essen können, gehören neben ihre Eltern. Größere Kinder hingegen sollten so platziert werden, dass sie jederzeit vom Tisch aufstehen können (sofern es keinen separaten Kindertisch gibt). Behinderte Menschen und ihre Betreuer sollten nicht getrennt werden. Das Gleiche gilt für Frischverliebte. Wer sagt, dass eine gelungene Tischordnung einfach ist?

EXTRAWÜRSTE *Überlegen Sie stets, ob es Gäste gibt, auf deren Wünsche oder Bedürfnisse Rücksicht genommen werden muss! Dann können Sie sich frühzeitig darauf einstellen. Zu dieser „Sondergruppe" gehören z.B. Vegetarier, Diabetiker, Schwangere, ältere Menschen und Menschen mit einer Behinderung.*

Wie lade ich ein?

Die Einladung: Sie soll alles Wichtige enthalten und Lust auf den Event machen. Dass dies auch ohne großen Aufwand möglich ist, sehen Sie hier.

SCHNELL UND DIREKT Natürlich können Sie zu einer Feier in kleiner Runde telefonisch einladen. Das hat den großen Vorteil, dass Sie in den meisten Fällen eine sofortige Antwort auf Ihre Einladung erhalten und so besser planen können.
Zu kurzfristigen, spontanen Aktionen können Sie Ihre Gäste auch über eine SMS-Nachricht an das (private) Handy, ein Fax oder eine kurze E-Mail einladen. Üblicherweise antwortet der Empfänger dieser Nachrichten innerhalb des nächsten Tages, wenn nicht sogar innerhalb einiger Stunden.

DAS KRIEGEN SIE SCHRIFTLICH!
Nicht nur formelle Anlässe und große Events sind ein Grund für eine schriftliche Einladung. Gerade, wenn Sie die Party schon länger und mit viel Liebe zum Detail planen, sollten Sie auch die Einladung darauf abstimmen. Eine schriftliche Einladung wirkt nicht nur persönlicher, sondern Ihr Gast hat auch alle Informationen auf einen Blick parat. Eine ausgefallene Gestaltung der Karte wirkt gleichzeitig wie ein origineller Reminder (mehr zur Einladungsgestaltung siehe weiter hinten). Für schriftliche Einladungen müssen Sie etwa 8 Tage einplanen, bis Ihnen die Antwort vorliegt.

DIE VIER „W's“ Wer? Wann? Wo? Was? – eine schriftliche Einladung sollte diese Fragen kurz und übersichtlich beantworten. Daher muss der Einladungstext Datum, Uhrzeit, Ort und Anlass bzw. Motto des Festes auf jeden Fall beinhalten. Selbstverständlich auch den Namen des Gastes und den des Gastgebers. Sofern Sie Wert auf ein bestimmtes Outfit legen, geben Sie die gewünschte Kleiderordnung ebenfalls in der Einladung kund. Mit den Abkürzungen U.A.w.g (Um Antwort wird gebeten) oder R.s.v.p. (Respondez, s'il vous plaît) fordern Sie Ihre Gäste zur Antwort auf. Möglichst mit Datum, das erleichtert die Planung.

ZUGABE Erleichtern Sie Ihren Gästen doch die Antwort und legen Sie der Einladung bereits eine Rückantwortkarte bei. Geben Sie dabei folgende Optionen an: Der Eingeladene kann nicht kommen, der Eingeladene kommt allein, der Eingeladene kommt in Begleitung von ... (Namensnennung oder Anzahl der Begleitpersonen). Haben Sie zwei Wochen nach Einladungsversand von einigen Gästen noch keine Nachricht bekommen, sollten Sie zum Hörer greifen und telefonisch nachfragen.

GÄSTELISTE-CHECK-UP Nachdem Sie die Einladungen verschickt haben, sollten Sie die Gästeliste um die Rubrik der Zu- und Absagen sowie der Anzahl der Begleitpersonen ergänzen. Eine Spalte mit den Telefonnummern für Rückfragen spart Zeit. In einer weiteren Spalte notieren Sie besondere Bemerkungen: spezielle Ernährungsgewohnheiten oder Vorlieben, aber auch, wenn ein Gast kürzlich einen runden Geburtstag oder ein Jubiläum gefeiert oder eine Auszeichnung erhalten hat.
Bei größeren Festen können Sie von einer Absagequote von 20 bis 30 Prozent ausgehen, bei einem kleinen Kreis von 5 bis 10 Prozent.

EINLADUNGEN MIT ESPRIT Es gibt nichts Persönlicheres als eine handgeschriebene oder originell gestaltete Einladung. Gönnen Sie Ihren Gästen die freudige Überraschung beim Öffnen des Umschlags! Das Design Ihrer Einladung kündigt gleichzeitig die Art Ihrer Feier an.
Die Einladung sollte bei formellen Festen also ebenfalls formell gehalten sein. Geben Sie dagegen eine ausgefallenere Party oder eine mit einem Motto, so können Sie mit einer originellen Einladung die Vorfreude auf diesen besonderen Event wecken.

KLARE SICHT Auffallend dekorativ sind Einladungen, bei denen Sie passende Accessoires in eine durchsichtige Folie laminieren (macht der Copyshop) und mit Lackstiften beschriften. Rosenblütenblätter und Sternanis symbolisieren eine orientalische Nacht. Stellvertretend für das Mittsommernachtsfest stehen ein Sonnenblumenfoto und eine blaue Mini-Kerze. Für eine Party mit Farbmotto verschicken Sie entsprechend eingefärbtes Konfetti und eine Luftschlange.

SANFTER SCHIMMER Ganz einfach anzufertigen und doch sehr edel ist eine normale Doppelkarte, wenn Sie auf deren Vorderseite getrocknete Blüten oder Gräser mit Sprühkleber fixieren und ein Transparentpapier außen herumlegen. So laden beispielsweise duftende Lavendelblüten zum Frühstück provençale, kleine Gänseblümchen auf grüner Karte zum Frühlingsfest ein. Auch für eine asiatische Einladung eignet sich diese Form sehr gut: Ein asiatisches Schriftzeichen oder ein Ausriss aus einer asiatischen Zeitung stimmen Ihre Gäste ein.

SCHÖNER RAHMEN *Eine Einladungskarte mit Passepartout bringt Ihre Motive groß raus. Egal, ob Sie darin für einen Literaturabend eine durchsichtige Tüte mit Buchstabennudeln und einem Zitat befestigen oder ob Sie den Blick auf eine grüne Wiese aus Teppichrest freigeben, die zum Gartenfest lädt.*

KLEINE BEIGABEN Befestigen Sie doch einmal Ihren Einladungstext für einen Wok-Abend an Einwegstäbchen. Den Aufruf zu einer Bottle-Party machen Miniaturflaschen oder Kühlschrankmagnete in Flaschenform deutlich. Und als Einladung zur gemeinsamen Ostereiersuche kann es auch ein leeres Nest sein – mit der Notiz „Sie sind weg. Bitte suchen helfen".

TOP-AKTUELL Ihre Gäste verfügen alle über einen E-Mail-Anschluss und nutzen diesen Kommunikationsweg auch regelmäßig? Dann senden Sie doch mal eine ECard als Einladung! Wichtig: Bei ECards von englischsprachigen Sites sicherheitshalber auf deutsche Umlaute und ß im Grußtext verzichten (die werden meist nicht dargestellt). Hier nun einige Web-Adressen für ECards:

Grußkarten für alle möglichen und unmöglichen Anlässe
http://www.bluemountain.com/
(das Original aus den USA)

Gratis-Postkarten
http://www.aetiket.com/ecard/
(englischsprachig, anspruchsvoll, mit Rückantwortmöglichkeit – ideal für Einladungen)

http://www.deutsche-chronik.de/postcard/ (mit „echten" Klassikern zum Sektempfang)

http://www.eroar.com/ecards/
(jede Menge gezeichnete, sehr „amerikanische" Karten in zahllosen Kategorien, darunter auch Einladungskarten in 16 (!) Unterkategorien)

ZÜNFTIG UND ORIGINELL *Schreiben Sie die Einladung für Ihre Einweihungsparty doch mal mit Lackstiften auf breite Spachteln.*

Tischlein deck dich

Überlegen Sie, welche Dekoration für Ihren Anlass geeignet ist. Interpretieren Sie die Tischetikette neu und setzen Sie Ihre Tafel oder Ihr Buffet effektvoll in Szene. Lassen Sie Ihrer Fantasie dabei freien Lauf! Denn alles ist erlaubt, solange es Ihrem persönlichen Stil oder dem Motto der Einladung entspricht.

MODERNE KLASSIK ZU TISCH Wenn Sie Gäste zum Essen bitten, einen Nachmittagskaffee veranstalten oder gar zu einer asiatischen Tischrunde einladen – im Mittelpunkt steht der gekonnt eingedeckte Tisch.
Hierbei kommt es aber weniger darauf an, mehrere Lagen des guten Sonntagsservice nebst kunstvoll gefalteter Serviette mit mehreren Reihen Besteck zu umgeben. „Gekonnt" heißt in diesem Fall, dass die Gäste sich an Ihrer Tafel wohl fühlen und die Vorfreude auf das Essen geweckt wird. Außer bei sehr formellen Anlässen erreicht man das aber eher mit einer zurückhaltenden, auf den Anlass und Ihren persönlichen Stil abgestimmten Tischdekoration, als mit einer klassischen „Materialschlacht"!

STOFF GEBEN Durchstöbern Sie Ihre Schränke nach schönen Tüchern, Decken oder interessanten Stoffen für ausgefallene Tischdecken. Wenn Sie keine großen Tischtücher besitzen, edle Bettlaken sind ein guter Ersatz. Oder geben Sie dickeren Papiertischdecken mit Wachsmalkreide eine individuelle Note. Mit Segeltuch, das mit breiten Pinselstrichen großzügig bemalt oder mit verschiedenen Farben bekleckst wird, lässt sich sogar eine einheitliche Dekoration für Tisch und Wand einfach herstellen.
Für formelle Einladungen sind natürlich Tischdecken aus Damast, Makosatin oder schwerem Leinen am passendsten. Für diese Anlässe empfiehlt sich auch eine Unterdecke aus Molton, die alle Handlungen am Tisch sanft abfedert und dämpft.

FLECKENFÄNGER Servietten haben bei Tisch vor allem die praktische Funktion, die festliche Garderobe von Gästen und Gastgeber vor kleinen und größeren Flecken zu bewahren. Und daher sollten sie bei der Planung der Dekoration nicht unter den Tisch fallen.
Auch wenn das Angebot an Papierservietten sehr groß ist und mit einer großen Auswahl an Dessins lockt, stilvoller wirkt Ihre Tafel mit Stoffservietten. Und zwar bei Stoffen aller Art. Es müssen keine großen französischen Damastservietten oder traditionellen Leinenservietten mit Hohlsaumstickerei sein. Verwenden Sie auch mal gröberes Leinen, karierte oder florale Stoffe aus Baumwolle oder hübsche Taschentücher für leichte, zarte Arrangements.

KOMBI-MODE *Wenn Sie gemustertes Geschirr benutzen, sollten Tischdecke und Servietten einfarbig sein, damit Ihr Arrangement nicht zu unruhig wird.*

FARBHARMONIE *Sehr schön wirkt immer eine Kombination aus heller Tischdecke und kräftig farbigen Servietten in der gleichen oder in einer korrespondierenden Farbe. Der Vorteil: Auf dunklen Servietten verschwinden Lippenstiftflecken!*

GUT AUFGELEGT Falls Sie bei Stoffservietten mit Schrecken an die vielen Faltkunststücke denken, die einem oft in Restaurants begegnen – entspannen Sie sich! Viel origineller sind gerollte, locker zusammengeschlagene oder geknotete Servietten.
Auch für die Platzierung der Servietten gibt es keine festen Regeln mehr. Ob mittig auf dem Teller oder am Rand, ob unter oder neben dem Besteck – auch hier gilt: erlaubt ist, was gefällt.
Gerollte Servietten können Sie mit Stoffbändern, feinem Draht, Goldkordeln, Bast, Efeu, Perlenschnüren oder Muschelketten binden. Oder lieber mit Seemannsgarn, sprich mit dickerer Schnur und passendem Knoten.
Wickeln können Sie die Servietten um Besteck, Ess-Stäbchen oder auch Grissini.
Als Grundlage für Einzelblüten oder kleinere Accessoires, wie eine Muschel oder eine Weihnachtskugel, kann man die Serviette auch quadratisch locker zusammengelegt auf den Teller legen. Oder Sie umknoten ein kleines Brötchen oder das ganze Gedeck damit.

A LA CARTE Menükarte und Tischkärtchen sind bei formellen Anlässen und großen Festen ein Muss. Aber auch kleinen Einladungen kann man durch eine entsprechende Tischdekoration einen besonderen Touch geben.
Tisch- und Menükarten sind zudem bei Gästen als Erinnerung an einen schönen Abend sehr beliebt.
Die Menükarte listet die Speisen in der Reihenfolge auf, in der sie serviert werden. Eventuell stehen auch die entsprechenden Getränke dabei. Gestalten Sie eine Doppelkarte als Menükarte, können Sie diese direkt auf den Tisch stellen. Eine einseitige Karte legt man entweder mitten auf den Teller oder platziert sie auf einer Mini-Staffelei oder in einen Bilderrahmen. Sie können die Speisen aber auch auf eine Tafel oder auf einen an der Wand hängenden Spiegel schreiben oder auf eine dekorative Fliese, die in der Tischmitte liegt. Oder Sie verwenden eine Menükarte je Gast gleichzeitig als Tischkärtchen.

PLATZANWEISER Tischkärtchen werden in der Hauptsache zur Steuerung des Tischgesprächs genutzt: Diejenigen sollen zusammensitzen, die sich etwas zu sagen haben. Bei kleineren Tischrunden kommuniziert eigentlich jeder mit jedem, sodass Tischkärtchen eher als schmückendes Beiwerk fungieren und lediglich dabei helfen, die Gäste ohne langes Stühlerücken an den Tisch zu bekommen.
Im Computerzeitalter können Sie Tischkarten auf vorgefertigte Bögen drucken. Das spart Zeit. Persönlicher sind allerdings handgeschriebene Kärtchen. Oder persönlich beschriftete Accessoires, z. B. große Muscheln, ein chinesischer Glückskeks, durch den ein Namensbändchen gezogen wurde, ein kleines Geschenkpäckchen mit Namensanhänger, eine Mini-Karaffe mit Solitärblume und Namensschild, ein Foto der betreffenden Person oder eine farbige Minikarte mit Namen in einem Klippständer. Alles natürlich immer dem Stil der Einladung angepasst.

PORZELLANLADEN Geschirr kann man nie genug haben: pastellfarbenes für den Frühstückstisch, italienischen Folklorestil oder bunten Mustermix für das sommerliche Tafeln im Garten, feines Bone China für Kaffee und Tee, asiatische Reisschälchen, Glasteller fürs Dessert oder extragroß als Platzteller. Die Liste lässt sich beliebig fortsetzen.
Am besten für Speisen und Dekorationen aller Art ist jedoch weißes Porzel-

lan geeignet. Wenn Sie sich also erst ein gutes Speisegeschirr anschaffen wollen, setzen Sie auf Weiß. Je zeitloser, desto besser. Es lässt sich nämlich beliebig mit anderen Farben und Formen kombinieren und ergänzen. Verfügen Sie nicht über ausreichend Geschirr für ein großes Abendessen, dann leihen Sie es sich doch von Freunden, Nachbarn oder Verwandten aus. Und wenn die Geschirrsets nicht zusammenpassen, ist das auch kein Problem: Kreieren Sie einfach aus Vor- und Hauptspeisentellern durch Stil-Mix ein ansprechendes, individuelles Tischarrangement oder decken Sie zwei Geschirre im Wechsel ein. Gerade das ist nicht selten der besondere Pfiff an einem attraktiv gedeckten Tisch.

KEIN BEIWERK Durch Gläser und Besteck bringen Sie Ihren persönlichen Stil zum Ausdruck. Wählen Sie beides also sorgfältig aus. Auch hier lässt sich gut Altes mit Neuem oder Barockes mit Schlichtem kombinieren. Verwenden Sie aber keine eingefärbten Gläser, denn bei Sekt und Wein wird darin die Farbe verfälscht und Fruchtsäfte wirken darin unnatürlich und wenig appetitlich. Wassergläser bilden hier die Ausnahme. Sie können ruhig farblich der Tischdekoration angepasst sein.

BEGRÜNUNG Blumen zaubern Flair auf den Tisch. Das Angebot ist riesig, doch bei der Auswahl sollten Sie sich vor allen an Blumen der Saison halten, da sie am natürlichsten wirken (und auch am preiswertesten sind). Aber es muss weder ein klassischer Blumenstrauß noch ein Gesteck sein, das Ihre Tafel ziert. Große Blätter, wie von der Lotuspflanze oder von Bananen, eignen sich prima als Platzsets und sehen auch gerollt sehr dekorativ aus. Gräser, reduziert in Flaschen oder Karaffen arrangiert, wirken leicht und luftig und blühende Zweige und exotische Einzelblüten extravagant.

WEITERE STIMMUNGSMACHER
Dekorieren Sie mit verschiedenen Steinen, häufen Sie Gewürze auf den Tisch, streuen Sie Blätter und setzen Sie Kerzen und Teelichter dazwischen. Arrangieren Sie knackiges Gemüse mit einigen Blumen, füllen Sie Schalen und Schüsseln mit frischen Früchten oder garnieren Sie mit vergoldetem Obst.
Weitere Vorschläge, abgestimmt auf die jeweilige Festlichkeit und deren Motto, finden Sie im zweiten Teil dieses Buches.

GROSSER AUFTRITT FÜRS BUFFET
Überall dort, wo die Gäste sich selbst in lockerer Runde bei Speisen und Getränken nach Lust und Laune bedienen, ist ein Buffet der begehrte Mittelpunkt, z. B. beim Sektfrühstück, einem großen Cocktailabend oder bei der Silvesterparty. Gegessen wird an klassisch eingedeckten oder improvisierten Tischen.

BUFFET-STRATEGIE Die Speisen werden in klassischer Menüreihenfolge auf dem Buffet angeordnet. Zuerst Vorspeisen, dann Hauptgerichte und zum Schluss Nachspeisen. Den Anfang des Buffets markieren Tellerstapel, das Ende Besteck und Servietten. Als wichtigstes Prinzip gilt: keine Warteschlangen! Wählen Sie möglichst schmale Tische, da man so besser an die Speisen herankommt. Oder stapeln Sie hoch: Mehrere Ebenen wirken nicht nur dekorativ, sondern schaffen auch auf kleinen Tischen genügend Abstellplatz für die Schüsseln, Körbe und Platten mit ihren Köstlichkeiten. Achten Sie dann aber darauf, dass das Angebot nicht zu groß und vor allem nicht zu unübersichtlich ist – sonst gibt's Wartefrust!

HOCHSTAPELN LEICHT GEMACHT
Mehrstöckige Buffets lassen sich einfach selbst bauen: Stellen Sie leere Kisten, stabile Kartons oder umgedrehte Kochtöpfe auf den Tisch und decken Sie alles mit einem oder mehren Tischtüchern (oder Bettlaken) bis zum Boden ab. Jetzt können Sie noch mit drapierten bunten Stoffen und weiteren Dekorationen für Stimmung sorgen.

BLICKFANG *Die Dekoration für das Buffet sollte nicht zu unruhig sein. Füllen Sie beispielsweise Limetten, Orangen und Zitronen in große Windlichtgläser oder arrangieren Sie Obst, Gemüse und Gewürze dekorativ in Schalen oder Etageren. Mehr muss nicht sein.*

TAKE AND GO *Ideal füs Buffet: Das Besteck in eine Serviette einrollen und mit Grashalmen locker verschnüren.*

Was biete ich zu trinken an?

Den Getränken sollte bei Partys die gleiche Aufmerksamkeit gewidmet werden wie dem Essen. Wichtiges zu Auswahl, richtiger Trinktemperatur und Wahl der Gläser sowie sonstige Do's und Dont's, die es bei Getränken zu beachten gilt, erfahren Sie hier.

DAS ANGEBOT Grundsätzlich brauchen Sie nicht die gesamte Palette von Aperitif über Bier und Wein bis hin zum Digestif anzubieten. Halten Sie das Getränkeangebot besser überschaubar.
Für eine Feier, die vermutlich länger als vier Stunden dauern wird, sollten Sie pro Gast folgende Mengen einplanen: etwa 1 Liter alkoholische Getränke (Bier und Wein) und etwa eine Flasche Mineralwasser oder andere alkoholfreie Getränke.
Sekt sollten Sie immer reichlich vorrätig haben. Viele Gäste trinken von dem leichten, prickelnden Getränk doch gerne mal etwas mehr. Also lieber großzügig einkaufen und einige Flaschen als Reserve kalt stellen.

DER AUFTAKT Ein Aperitif kommt immer gut an. Begrüßen Sie Ihre Gäste mit einem Glas Mumm Dry. Pur oder mit Orangensaft – oder als Kir Royal mit einem Schuss Cassislikör. Etwas mehr Aufwand müssen Sie betreiben, wenn Sie Ihren Gästen einen Sekt-Cocktail mixen (Rezepte folgen auf den nächsten Seiten). Aber es lohnt sich!
Ebenfalls klassisch-fein ist der Sherry zum Aperitif. Je nach Geschmack wird er fino (trocken) oder medium getrunken. Weitere Aperitif-Klassiker sind Portwein, Martini und Campari. Bei sommerlichen Gartenfesten sind auch Anisgetränke wie z. B. Pastis gern gesehene Appetitanreger. Mit etwas Eis oder kaltem Wasser löschen sie gut den Durst und bekommen dabei ihr typisch milchiges Aussehen.
Denken Sie auch daran, dass es Leute gibt, die keinen Alkohol trinken (dürfen). Halten Sie für diese Orangen- und Apfelsaft und Mineralwasser – oder besser noch einen alkoholfreien Fruchtcocktail – bereit.

WELCHER WEIN? Diese Frage muss ganz individuell beantwortet werden. Lassen Sie sich am besten von einem Weinhändler beraten. Kaufen Sie eine Probeflasche oder machen Sie eine kleine Weinprobe vorab. Und erzählen Sie ihm, welche Speisen es geben soll. Ein Profi kann Ihnen sofort passende Weine nennen.
Hier nun ein paar grundsätzliche Hinweise zu Wein: Leichte Weine serviert man vor schweren, trockene vor süßen und junge vor älteren Weinen; mittags leichtere Weine als abends, im Sommer lieber frische Weine, im Winter eher ältere.
Zum Dessert ist nicht unbedingt ein Wein nötig. Aber mit einem Eiswein, einer Beeren- oder Trockenbeerenauslese können Sie Ihre Gäste mit etwas Besonderem verwöhnen.
Als Alternative zum Dessertwein bieten sich auch ein süßer Cream Sherry oder ein Glas Mumm Dry an.

ZUM GUTEN SCHLUSS Der Digestif bildet den Schlusspunkt des Essens. Klare Obstbranntweine, Brandy oder Cognac, Calvados oder Grappa eignen sich hierfür am besten.

DIE RICHTIGE TEMPERATUR Nicht zu kühl und nicht zu warm darf der Wein sein. Wer sich beim Handrückentest unsicher ist, sollte sich ein Weinthermometer zulegen. Die Serviertemperatur für Sekt und Weine sollte zwei Grad unter der optimalen Trinktemperatur liegen.
Die optimale Trinktemperatur für Sekt liegt bei 6 bis 8 Grad und bei leichten Weißweinen zwischen 10 und 12 Grad. Kräftige, körperreiche Spät- und Auslesen wie auch junge Rotweine schmecken bei 12 bis 14 Grad am besten. Rotweine mit viel Charakter sollten 14 bis 16 Grad haben, rote Schwergewichte sogar 16 bis 18 Grad.

COOL BLEIBEN Beginnen Sie bereits am Vortag damit und sorgen Sie für ausreichend Kühlmöglichkeiten während der Feier. Falls Ihr Kühlschrank bereits voll belegt ist, können Sie die Getränke auch in die mit Eiswasser gefüllte Badewanne stellen oder Zinkeimer und -wannen mit Eis zu Kühlern umfunktionieren. Sieht zudem noch attraktiv aus.
Ganz wichtig: Sekt gehört auf keinem Fall ins Tiefkühlfach. Dort erfriert sein Bukett (seine „Blume").

TIPP *Um Sekt auf Einschenk-Temperatur zu bringen, eignen sich Sektkühler, die mit kaltem Wasser und Eis gefüllt sind, am besten. Darin hat Sekt nach etwa 20 Minuten die optimale Temperatur.*

GLASKLARES Die Wahl des richtigen Glases ist entscheidend für den Trinkgenuss. Das gilt besonders für Sekt. Am besten sind für ihn schmale, hohe Gläser geeignet. Werden diese zu etwa zwei Dritteln gefüllt, können sich darin Sektperlen und Bukett am besten entfalten. Flache Sektschalen hingegen beeinträchtigen wegen der großen Oberfläche die Entwicklung der Perlen, die beim Zerplatzen erst die „Blume" freigeben. Ganz wichtig zu wissen: Spülmittelreste verhindern die Perlenbildung. Daher sollten Sie Sektgläser immer erst mit heißem, dann mit kaltem Wasser ausspülen und anschließend mit einem feinen Tuch polieren.
Denken Sie ferner an langstielige Weißwein- und bauchige Rotweingläser, Cocktailgläser (in kurzer und langer Form) sowie Bier- und Wassergläser.

Prickelnder Genuss

Ein Drink für alle Fälle? Dann ist hier sicher etwas für Ihre nächste Einladung dabei! Ausgewählte Cocktails und Bowlen garantieren erfrischend-spritziges Vergnügen. Immer mit dabei: Mumm Dry, der Premium-Sekt für höchste Ansprüche.

MUMM MOJITO

Für 1 Person

Cocktail: *1 Limette • 2 TL brauner Zucker • 6 Minzeblättchen • 5 cl weißer oder goldener Rum • zerstoßenes Eis • Mumm Dry zum Auffüllen*

Dekoration:

Minzezweig

Die Limette achteln und mit dem Zucker und den Minzeblättern in ein vorgekühltes Highball- oder Longdrinkglas geben. Mit einem Stößel leicht zerdrücken. Den Rum und reichlich zerstoßenes Eis dazugeben und mit kaltem Mumm Dry auffüllen. Mit dem Minzezweig garnieren.

MUMM DREAMER

Für 1 Person

Cocktail: *2 cl Sandeman Dry Seco Sherry • 0,5 cl frischer Limettensaft • Mumm Dry zum Auffüllen*

Dekoration:

Limettenschalenspirale

Sherry und Limettensaft in ein vorgekühltes Sektglas geben und mit kaltem Mumm Dry auffüllen. Die Limettenspirale an den Glasrand hängen.

SUMMER KISS

Für 1 Person

Cocktail: *2 cl weißer Rum • 1 cl Crème de Banane (Bananenlikör) • 2 cl Ananassaft • Eiswürfel • Mumm Dry zum Auffüllen*

Dekoration:

1/4 Ananasscheibe

Rum, Bananenlikör und Ananassaft mit Eiswürfeln in einem Shaker kurz und kräftig schütteln, dann durch ein Barsieb in eine vorgekühlte Sektschale seihen. Mit kaltem Mumm Dry auffüllen. Mit der Ananasscheibe dekorieren.

MINT-PEACH-BOWLE

Für ca. 10 Personen

6 frische Pfirsiche • 3 Minzezweige • 6 cl Martell Fine Cognac • 8 cl Orangenlikör (z.B. Grand Marnier) • 4 Flaschen Mumm Dry

Die Pfirsiche schälen, entsteinen, klein würfeln und in ein Bowlengefäß geben. Die Minzeblätter abzupfen, grob hacken und darüber streuen. Cognac und Orangenlikör darüber träufeln und den Bowlenansatz etwa 2 Stunden ziehen lassen.

Dann alles umrühren. Den Bowlenansatz kurz vor dem Servieren mit kaltem Mumm Dry auffüllen.

(auf dem Foto)

ITALIAN GIPSY

Für 1 Person

Cocktail: *4 cl Aperol • 4 cl Orangen- oder Grapefruitsaft • Eiswürfel • Mumm Dry zum Auffüllen*

Dekoration:

1/2 kleine Orangenscheibe

Aperol und Fruchtsaft mit einigen Eiswürfeln in ein Longdrinkglas geben. Kurz umrühren, dann mit kaltem Mumm Dry auffüllen. Die Orangenscheibe mit ins Glas geben.

BELLINI

Für 1 Person

1/2 weißer Pfirsich • Mumm Dry zum Auffüllen

Die Pfirsichhälfte schälen und das Fruchtfleisch fein pürieren. Das Pfirsichmus in eine vorgekühlte Sektschale geben. Mit kaltem Mumm Dry langsam unter leichtem Rühren auffüllen. Zur Geschmacksabrundung können Sie 1 Spritzer Zitronensaft und/oder etwas Pfirsichlikör dazugeben.

MUMM ZITRUS-BOWLE

Für 4 Personen

• 3 große Orangen (unbehandelt) • 2 Zitronen (unbehandelt) • 100 g Zucker • 1 Flasche trockener Rheingau-Riesling • 1 Flasche Mumm Dry

Orangen und Zitronen heiß abwaschen, in dünne Scheiben schneiden und in ein Bowlengefäß legen. Zucker darüber streuen und alles etwa 20 Minuten durchziehen lassen. Dann den Riesling hinzugeben. Nochmals etwa 20 Minuten durchziehen lassen. Vor dem Servieren mit kaltem Mumm Dry auffüllen. Evtl. mit Eiswürfeln zusätzlich kühlen.

Bitte zugreifen

Freihändig plaudert es sich doch gleich viel ungezwungener. Sehr willkommen sind bei Empfängen daher kleine, feine Häppchen – liebevoll Fingerfood genannt. Schnell und unkompliziert gemacht, lassen Sie Gästeherzen höher schlagen. Geifen Sie zu!

GARNELENSPIESSCHEN

Für 10 Personen

1/2 Ananas (ca. 500 g) • 30 ausgelöste Riesengarnelen • 1 EL Öl • 8 EL cremiger Joghurt • Salz und Pfeffer • 2 EL Currypulver

Die Ananashälfte längs in vier Spalten schneiden. Den harten Innenstrunk und die Schale sorgfältig abschneiden. Die Spalten quer in 1 cm dicke Stücke schneiden, dabei den Saft auffangen. Die Garnelen mit je 1 Stück Ananas auf lange Spieße stecken.

Die Spieße in einer Pfanne in dem Öl von allen Seiten rundherum anbraten (dauert 2–3 Minuten).

Aus Joghurt, Salz, Pfeffer, Curry und 1 EL vom abgetropften Ananassaft einen Dip rühren. Zu den Garnelenspießchen reichen.

(auf dem Foto)

MINI-QUICHES

Für 8 Personen

160 g Mehl Type 550 • Salz • 1/2 TL Backpulver • 75 g Magerquark • 130 ml Milch • 4 EL Öl • 125 g Mozzarella • 100 g Feta • 50 g Blauschimmelkäse • 50 g Parmesan • 2 Eigelb • 2 EL gehackte Petersilie • Pfeffer und Rosenpaprika

150 g Mehl mit 1/4 TL Salz und dem Backpulver mischen. Quark, 3 EL Milch und 2 EL Öl dazugeben und das Ganze zu einem geschmeidigen Teig verkneten.

8 Briocheformen (8 cm Ø) mit 2 EL Öl ausfetten. Den Teig auf einer bemehlten Arbeitsfläche dünn auswellen und 8 Teigkreise (11 cm Ø) ausstechen. Je 1 Kreis vorsichtig in die Förmchen legen, dabei den Teig etwas über den Rand hinausstehen lassen. Den Teig in den Förmchen für 30 Minuten kalt stellen.

Mozzarella und Feta würfeln, den Blauschimmelkäse mit einer Gabel zerdrücken, den Parmesan fein reiben. Den Backofen auf 200 °C vorheizen.

Die Eigelbe mit 100 ml Milch verquirlen. Alle Käsesorten und die Petersilie untermischen. Die Masse mit Salz, Pfeffer und Paprika würzen und in die ausgelegten Förmchen geben.

Die Quiches auf der untersten Schiene in 20 bis 25 Minuten goldgelb backen. Dann vorsichtig aus den Förmchen heben.

KÄSETALER

Für etwa 80 Stück

Für den Teig: *250 g Mehl • 50 g geriebene Mandeln • Salz und Pfeffer • 200 g Margarine • 200 g geriebener Emmentaler*

Außerdem: *Fett für das Blech • verquirltes Eigelb • etwas geriebener Käse*

Alle Zutaten zu einem glatten Teig verkneten. Aus dem Teig Rollen formen (ca. 4 cm Ø), in Pergamentpapier wickeln und für etwa 2 Stunden kalt stellen.

Den Ofen auf 200 °C vorheizen. Den Teig in 3 mm dicke Scheiben schneiden, auf ein gefettetes Blech legen, mit Eigelb bepinseln und mit Käse bestreuen. Auf mittlerer Schiene etwa 15 Minuten backen.

GEFÜLLTE CHAMPIGNONS MIT DIP
Für 12 Personen
Für die Champignons: 12 große Champignons • 100 g Frühstücksspeck • 100 g Blattspinat • 150 g Kräuterfrischkäse • 1-2 Knoblauchzehen • etwas Olivenöl • Paprikapulver
Für die Sauce: 300 g Kräuterfrischkäse • 150 g Joghurt • 2 EL gehackte Kräuter • etwas Zitronensaft • Pfeffer

Die Champignons putzen und die Stiele herausdrehen. Von den Stielen das untere Ende abschneiden, den Rest fein hacken. Den Speck fein würfeln und in einer Pfanne ohne Fett kross braten, auf Küchenpapier abtropfen lassen. Den Spinat fein hacken.
Ofen auf 200 °C vorheizen. Frischkäse, Champignonstiele, Speck, Spinat und durchgepressten Knoblauch mischen. In die Champignonköpfe füllen. Etwas Olivenöl darüber träufeln und im auf 200 °C vorgeheizten Backofen etwa 15 Minuten backen. Zum Schluss mit etwas Paprikapulver bestäuben.
Für die Sauce Frischkäse mit Joghurt und Kräutern verrühren. Mit Zitronensaft und Pfeffer abschmecken.

KARTOFFELPLÄTZCHEN MIT KAVIAR
Für 10 Personen
100 g Quark • Salz und Pfeffer • 1 TL Zitronensaft • 20 Kartoffelpuffer (tiefgekühlt) • 50 g Lachskaviar

Den Quark mit Salz, Pfeffer und Zitronensaft verrühren. Die Kartoffelpuffer laut Packungsanweisung backen.
Die Puffer etwas abkühlen lassen, dann auf jeden etwas Quarkdip und Lachskaviar geben.
(auf dem Foto)

DATTELN MIT SPECK
Für 6 Personen
12 Scheiben Frühstücksspeck (ca. 150 g) • 24 frische oder getrocknete Datteln • 24 geschälte Mandeln • 2 Knoblauchzehen • 2 EL Olivenöl • schwarzer Pfeffer

Die Speckscheiben quer halbieren. Die Datteln entkernen. Die Mandeln in einer Pfanne ohne Fettzugabe rösten. Je eine Mandel in eine Dattel setzen. Jede Dattel mit einer halben Speckscheibe umwickeln und alles mit einem Holzzahnstocher fixieren.
Den Knoblauch schälen und halbieren. Das Öl in einer Pfanne mit dem Knoblauch kräftig erhitzen. Die Speckdatteln darin rundherum knusprig braten, auf Küchenpapier abtropfen lassen und mit Pfeffer würzen.

BRUSCHETTA-VARIATIONEN
Für 6 Personen
2 Tomaten • frisches Basilikum • 3–4 Knoblauchzehen • 1/2 Dose Thunfisch natur • 12 Scheiben italienisches Bauernbrot • Olivenöl • Salz und Pfeffer

Die Tomaten enthäuten, vierteln, entkernen und fein würfeln. Das Basilikum grob hacken. Die Knoblauchzehen schälen und mit einem Messerrücken flachdrücken.
Den Thunfisch abtropfen lassen und mit einer Gabel zerpflücken. Mit etwas Olivenöl verrühren. Mit Salz und Pfeffer würzen.
Die Brotscheiben im Ofen von beiden Seiten grillen oder im Toaster rösten. Das warme Brot mit dem zerdrückten Knoblauch abreiben.
4 Brotscheiben mit Olivenöl beträufeln, mit Salz und Pfeffer würzen.
Auf 4 Scheiben die Tomatenwürfel und das Basilikum geben. Mit etwas Olivenöl beträufeln, mit Salz und Pfeffer würzen. 4 Scheiben mit der Thunfischpaste bestreichen.

TIPP *Für die Kartoffelplätzchen mit Kaviar können Sie statt der Puffer auch Rösti oder gegarte Kartoffelhälften verwenden.*

WAN-TAN MIT CHILI-DIP

Für 4 Personen

24 Wan-Tan-Blätter (tiefgekühlt) • 100 g Blattspinat • etwas Salz • 2 kleine Möhren • 1 Frühlingszwiebel • 1 Stück frische Ingwerwurzel (ca. 2 cm) • 1 Knoblauchzehe • 150 g ausgelöste Garnelen • 1 EL Sojasauce • 1 TL chinesische Chilisauce • 3/4 l Sojaöl zum Frittieren • 1/8 l Orangensaft • 1 EL Austernsauce • 1 TL unbehandelte abgeriebene Orangenschale

Die Wan-Tan-Blätter einzeln nebeneinander gelegt auftauen lassen. Den Spinat 30 Sekunden in kochendem Salzwasser blanchieren. Abschrecken, kräftig ausdrücken und fein hacken.
Möhren und Frühlingszwiebel in kleine Stifte bzw. Ringe schneiden. Ingwer und Knoblauch schälen und fein hacken. Die Garnelen ebenfalls fein hacken.
Die vorbereiteten Zutaten für die Füllung gut mischen und mit der Sojasauce und 1/2 TL Chilisauce pikant würzen.
In die Mitte jedes Teigblatts etwas Füllung geben. Die Teigränder mit einem Backpinsel mit wenig Wasser anfeuchten, nach oben über die Füllung ziehen und mit den Fingern sorgfältig zu einem kleinen Säckchen zusammendrehen.
Das Öl etwa 3 cm hoch in einen Topf oder Wok gießen und sehr heiß werden lassen. Die Wan-Tan darin portionsweise goldgelb ausbacken.
Dann auf Küchenkrepp kurz abtropfen lassen.
Orangensaft mit Austernsauce, 1/2 TL Chilisauce und Orangenschale verrühren und als Dip zu den Wan-Tan reichen.

HACKBÄLLCHEN IM NUDELNETZ

Für 16–20 Stück

50 g feine Bandnudeln • Salz • 1 EL Öl • 1 Schalotte • 2 Knoblauchzehen • 1 Stück frische Ingwerwurzel (ca. 1 cm) • 1 EL ungesalzene geröstete Erdnüsse • 125 g Schweinehackfleisch • 1/2 TL Garnelenpaste • 1 EL Limettensaft • 2 EL Fischsauce • Öl zum Ausbacken

Die Nudeln bissfest kochen, abgießen und gleich mit dem Öl vermischen, damit sie nicht aneinander kleben.
Schalotte, Knoblauch und Ingwer schälen und fein hacken, ebenso die Erdnüsse. Mit dem Hackfleisch gut vermengen. Die Mischung mit Garnelenpaste, Limettensaft und Fischsauce abschmecken. Aus der Masse mit angefeuchteten Händen kleine Bällchen formen.
Jeweils 4 Nudeln nebeneinander legen und wie ein Netz um die Hackbällchen wickeln.
Das Öl in einem breiten Topf oder in der Fritteuse auf etwa 180 °C erhitzen. Die Nudel-Hack-Bällchen darin portionsweise frittieren.
(auf dem Foto)

LACHSTATAR AUF PUMPERNICKELTALERN

Für 10 Personen

140 g Räucherlachs • 1 EL Zitronensaft • 1 großer Apfel • 50 g Senfgurken • 2 EL gehackter Dill • 100 g Joghurt • Salz und Pfeffer • 2 EL mittelscharfer Senf • 30 Pumpernickeltaler

Die Lachsscheiben klein würfeln und mit Zitronensaft beträufeln. Den Apfel schälen und fein würfeln. Die Gurken ebenfalls fein würfeln, mit Apfel, Lachs und Dill mischen.
Den Joghurt mit Salz, Pfeffer und Senf verrühren. Die Pumpernickeltaler damit bestreichen. Das Lachstatar darauf verteilen.

TIPP *Eine schnelle und ebenso originelle Variante: Nehmen Sie statt der Nudeln geviertelte getoastete Toastbrotscheiben. Geben Sie die ausgebackenen Hackfleischbällchen auf die Brotscheiben und fixieren Sie sie mit kleinen Holzspießchen. So können Sie die Hackbällchen sehr gut zum Aperitif reichen.*

Wellness, Beauty & Entspannung

Nur entspannte Gastgeber sind gute Gastgeber. Eine gute, detaillierte Planung mit festem Zeitplan sorgt dafür, dass Sie nicht mehr hektisch in der Küche hantieren, wenn bereits die ersten Gäste auf der Matte stehen. Hier ein paar Tipps, die für die nötige Entspannung sorgen.

MODEFRAGEN Legen Sie nicht nur die Tischdekoration und die Gästeliste, sondern auch ihre eigene Garderobe für die Feier im Vorfeld fest. So bleibt noch Zeit, um die Passform zu testen (zu weit, zu eng?) und eventuell das gute Stück noch ändern zu lassen. Abgegangene Knöpfe können ersetzt und eventuell übersehene Flecken von der letzten Party noch schnell beseitigt werden. Sie können die Bekleidung noch in Ruhe aufbügeln und alle Kleinigkeiten, wie Manschettenknöpfe, die passenden Strümpfe oder den Schmuck bereitlegen.
Wenn alles in Ordnung ist, hängen Sie die Sachen auf einem Bügel separat in den Schrank. Am Tag der Feier brauchen Sie nur noch hineinzuschlüpfen – das spart viel Hektik!

MIT ALLEN SINNEN Gönnen Sie sich vor dem Ansturm der Gäste noch einige Minuten der Ruhe und Entspannung. Tauchen Sie ab in ein Bad mit aromatischen Essenzen oder in ein Milchbad à la Cleopatra. Oder schließen Sie einfach die Augen für einige Minuten und lassen Sie Ihren Gedanken freien Lauf. Dabei können Sie sich von einer revitalisierende Maske erfrischen lassen oder die Aromen einer Duftkerze genießen. Die Duftnoten von Zitrusfrüchten, wie Grapefruit, Limette, Orange oder Zitrone, wirken belebend, beruhigend wirken dagegen Baldrian, Lavendel, Rose und Sandelholz.
Auch Musik hilft beim Entspannen – egal ob Klassik oder Kuschelrock. Sie lässt die Anspannung verschwinden und sorgt für Ausgeglichenheit.

SCHÖNE VORFREUDE Lassen Sie sich einfach Zeit und sehen Sie dem schönen Abend entgegen. Vielleicht gehen Sie die Gästeliste nochmals in Gedanken durch und vergegenwärtigen sich einige Besonderheiten Ihrer Gäste, die Sie beim gegenseitigen Vorstellen anbringen können.
Wenn Sie sich in aller Ruhe fertig gemacht haben und bei einem Gläschen Mumm Dry auf die Ankunft der Gäste warten, gibt es nur noch eins: Ihnen und Ihren Gästen einen schönen Abend zu wünschen!

SCHÖN ENTSPANNEND *Ein Aromabad mit sanfter Bürstenmassage und der Duft von ätherischen Ölen lassen Sie erholt die anschließende Einladung genießen.*

Wenn das Fest vorbei ist

Die Party war ein rauschender Erfolg. Dank Ihrer detaillierten Planung lief alles wie am Schnürchen und Sie haben sich mit Ihren Gästen bestens amüsiert. Alles optimal! Wenn da nicht das Aufräumen, Abwaschen und Putzen wäre! Hier ein paar Tipps, die für Entspannung sorgen.

ALLES ZU SEINER ZEIT Räumen Sie das Geschirr immer nach dem jeweiligen Gang ab und deponieren Sie es in der Küche (ausreichend Abstellfläche vorsehen!). Solange die Gäste noch am Tisch sitzen, sollten Sie als Gastgeber ebenfalls dort präsent sein. Sofern Sie keine Küchenhilfe haben, die zwischenzeitig für „klar Schiff" sorgt, muss der Abwasch also warten.
Handelt es sich bei Ihrer Einladung um ein Essen unter Freunden, können Sie vor dem Kaffee auch zum gemeinsamen Abwasch aufrufen oder mit einigen freiwilligen Helfern in der Küche verschwinden. Bei weniger engen Bekannten und bei größeren Festen sollten Sie erst mit dem Aufräumen beginnen, nachdem sich alle Gäste verabschiedet haben.

ABSCHLUSSARBEITEN Folgendes sollten Sie unbedingt noch am Abend der Einladung erledigen: Decken Sie alle übrig gebliebenen Speisen mit Klarsichtfolie ab und stellen Sie sie kühl. Oder geben Sie einigen Gästen noch einen gemischten Teller mit. Leeren Sie alle Aschenbecher aus und lüften Sie den Raum gründlich durch.
Den Abwasch können Sie auch auf morgen vertagen. Stellen Sie das Geschirr und die ausgeleerten Gläser einfach an einem ruhigen Platz in der Küche zusammen. Weichen Sie das Besteck in einer Schüssel in etwas Spülmittellauge ein und vergessen Sie das Ganze bis zum nächsten Tag!

DIE PARTY DANACH Sie haben eine große Party veranstaltet und möchten nicht alleine das Chaos ordnen? Dann laden Sie doch einige gute Freunde zu einem „Nachfest" ein. Es ist eine gute Möglichkeit, restliche Speisen und Getränke unter die Leute zu bringen. Schließlich wollen Sie den Speiseplan der nächsten Woche ja nicht ausschließlich mit Fingerfood bestreiten, oder?
Und wenn danach immer noch etwas übrig ist, frieren Sie es doch ein – für einen netten Abend zu zweit. Oder nehmen Sie was mit ins Büro. Die Kollegen freuen sich ganz bestimmt über nette Leckereien zwischendurch.

FRÜHZEITIG PLANEN *Engagieren Sie Ihre Helfer – insbesondere im partyreichen Sommer und in der Vorweihnachtszeit – so früh wie möglich, um nicht „ohne“ dazustehen.*

FÜR LANGSCHLÄFER *Wenn Sie eine Reinigungsfrau oder -firma für den Tag danach bestellen, dann vereinbaren Sie keinen zu frühen Termin. Etwas übernächtigt oder mit leichter Katerstimmung, kann einem ein Staubsauger ganz schön laut vorkommen!*

Eine Idee für jeden Anlass

Feste feiern ist einfach

Man braucht einen Anlass, einige Getränke und etwas zu essen, viele Freunde und gute Stimmung. Was aber macht aus einer netten Party einen unvergesslichen Abend? Die Liebe zum Detail!

WENN DER FUNKE ÜBERSPRINGT Wenn sich alle königlich amüsieren, dann haben Sie sich als perfekter Gastgeber bewährt. Leider gibt es bei Festen keine Generalprobe. Alles muss an diesem einen Termin stimmen. Einige wichtige Aspekte, die eine gute Party ausmachen, sollten Sie sich darum vorher zu Gemüte führen. Hier ein paar grundlegende Tipps für innovative Events.

ZUM THEMA Bei der Planung sollten Sie sich bereits frühzeitig überlegen, ob Ihre Einladung unter einem bestimmten Motto stehen soll. Das ist nicht zwingend notwendig, erleichtert aber die Auswahl der Details bei der Realisierung – von der Einladung über die Tisch- und Blumendekoration sowie der passenden Musik bis hin zur Zusammenstellung der Speisen und Getränke.
Greifen Sie beispielsweise bei einer Geburtstagsparty für einen Freund seine Leidenschaft für Segelschiffe auf und gestalten Sie die Party maritim. Der Erfolg ist garantiert!

ORIGINELLE ACCESSOIRES Sie sind die wichtigsten Hilfsmittel einer gelungenen Inszenierung. Die zierlichen vergoldeten Teegläser, die in türkischen Import-Export-Läden für wenig Geld zu haben sind, unterstreichen die Authentizität der Dekoration für eine orientalische Nacht ungemein. Das gleiche bewirken Stäbchenbänke und Schälchen aus blau-weißem Porzellan oder Dim-Sum-Dämpfkörbe und original beschriftete Gewürz-Saucen bei einem asiatisch eingedeckten Tisch. Ob Gläser, Streichholzschachteln, Souvenirs, einzelne Teller oder Karaffen – durchsuchen Sie Ihren Haushalt nach passenden Dingen. Es findet sich oft mehr, als man denkt!

MEHR ALS SCHÖNER SCHEIN Kerzenlicht zaubert eine warme, sinnliche Atmosphäre, lässt auch schlichte Räume interessant wirken und lässt jeden einfach toll aussehen. Kerzen gibt es in so vielen verschiedenen Ausführungen und Größen, dass für jeden Anlass und für jede Dekoration eine passende dabei sein müsste. Falls Sie aber keine Geduld zum Suchen haben, können Sie sich Ihre Traumkerze ja auch selber gießen. Zutaten gibt's in jedem Bastelgeschäft. Oder Sie verkleiden eine Kerze nach Ihren Vorstellungen, z. B. mit einem ausgehöhlten Kürbis als „Käfig" oder mit einer Artischocke als Kerzenständer. Ob weihnachtlich mit Tannengrün oder Zimtstangen komponiert, maritim mit einem dickeren Seil umwickelt oder mit Muscheln und Sand im Glaswindlicht, der Effekt ist beeindruckend.
Kerzenleuchter aus Silber oder Glas bringen festlichen Glanz auf die Tafel. Arrangieren Sie auch ruhig einmal Kerzenlicht auf mehreren Ebenen: hohe Kerzenleuchter in Kombination mit flachen Teelichtschalen.
Setzen Sie Kerzen für die Außenbeleuchtung ein, sollten diese von einem Windschutz umgeben sein. Oder Sie nehmen Fackeln.

TIPP *Kerzen nie unbeaufsichtigt brennen lassen, immer sicher platzieren und auf dem Boden immer außer Reichweite von Vorbeigehenden oder Tanzenden aufstellen.*

TEXTILE EFFEKTE Mit Stoff lassen sich große Flächen einfach, wirkungsvoll und kostengünstig verwandeln. So können Sie dem Buffet oder der Tischdekoration durch ein gekonnt drapiertes Tuch aus einem ausgefallenen Material eine gewisse Note verleihen. Ob mit Silberstoffen für eine Space-Party oder ganz in Rot mit Stoffdrachen und Lampions für eine chinesische Nacht – mit Stoffen als farbenprächtige Dekoration an Wand und Fenstern lässt sich ganz einfach ein neues, anderes Raumerlebnis vermitteln. Durch verschiedenartige Anbringung der Stoffe (z. B. kunstvoll gerafft, lässig hingeworfen, im Wind flatternd oder glatt gespannt), können Sie mit dem natürlich einfallenden oder künstlich arrangierten Licht spielen und interessante Hintergründe für andere Dekorationselemente schaffen.

MIT DER (JAHRES-)ZEIT GEHEN Ein buntes Frühlingsfest an einem der ersten warmen Wochenenden, eine ausgelassene Gartenparty in einer milden Sommernacht, ein Herbstfest mit wärmender Kürbissuppe, wenn die ersten Blätter fallen, oder der winterliche Adventskaffee mit herrlich duftendem Gebäck – Natur und Traditionen geben das ganze Jahr über immer wieder einen Anlass zum gemütlichen Feiern mit Freunden und Bekannten.

In der Saison sind nicht nur bestimmte Blumen am schönsten und erntefrisches Gemüse am aromatischsten, unterbewusst nehmen wir auch die jahreszeitlich unterschiedlichen Lichtverhältnisse und Düfte wahr.
Eine Sommerdekoration im Winter wirkt daher eher unpassend. Im Winter schmecken deftigere, stärker gewürzte Gerichte hervorragend, im Sommer bevorzugt man hingegen leichte, mit frischen Kräutern aromatisierte Speisen. Abgesehen davon, dass die Kosten für Menü und Blumen außer der Saison astronomisch hoch sind!

DRINNEN ODER DRAUSSEN? Diese Frage stellt sich in unseren Breiten sowieso nur in den wärmeren Monaten von Mai bis maximal Ende August. Denken Sie daran, dass bei einer Gartenparty der Aufwand ein größerer ist: Geschirr und Besteck, Gläser, Utensilien und natürlich alle Speisen und Getränke müssen erst mal in den Garten geschafft werden. Von den Sitzgelegenheiten ganz zu schweigen. Allerdings können Sie auch nirgends im Haus so schön entspannt feiern, so genial grillen oder eben mal den klaren Sternenhimmel genießen.

GENUG DER THEORIE Wir stellen Ihnen nun einige klassische Feiern, aber auch einige außergewöhnliche Partyideen vor. Durch zahlreiche Anregungen für leckeres Essen, passende Getränke, stilvolle oder schrille Dekorationen sowie Musik- und Beleuchtungstipps möchten wir Sie in die buntschillernde Welt der Feste entführen und zu eigenen Partyideen anregen.

TIPP *Das bringt Sommerfrische auf den Tisch: Ganze und geviertelte Limetten in ein geradwandiges, großes Gefäß geben und als Blickfang auf Tisch oder Buffet stellen.*

Genuss für Aufgeweckte

Kräftiger Kaffee und ein Gläschen Mumm Dry gefällig? Croissant oder Brötchen? Frühstücksei oder lieber Rührei mit Kräutern? Sie möchten die erste Mahlzeit des Tages (wieder) einmal richtig zelebrieren? Dann sollten Sie schleunigst Ihre Freunde zum Sektfrühstück einladen!

ZEITZONEN Die meisten Gäste, insbesondere wenn es sich um Singles handelt, stehen lieber später als allzu früh auf. Ein Start zwischen 11 und 12 Uhr schmeckt auch Langschläfern gut. Laden Sie Familien mit Kindern ein, so kann der Beginn gern auch schon gegen 10 Uhr sein – die Kleinen sind nämlich überwiegend Frühaufsteher.

FRÜHSTÜCK GLOBAL Vorbei sind die Zeiten, in denen das Frühstück nur aus Kaffee, Brötchen und Marmelade bestand. Das ist zwar „klassisch continental", aber warum sollte man auf appetitliche Anregungen von unseren europäischen und amerikanischen Nachbarn verzichten? Köstlich duftende Waffeln, fruchtig-saftige oder pikante Muffins, selbst gerührter Sahnejoghurt, eine gesunde Flockenmischung fürs Müsli und ein exotischer Obstsalat machen einem den Start in den Tag sehr schmackhaft. Aber auch Ei im Glas, mundgerechte Würstchen und Bacon & Eggs auf Kartoffelpuffern lassen Morgenmuffel munter werden. Dazu gibt's Mumm Dry, Kaffee, Cappuccino und verschiedene Teesorten sowie diverse Obst- und Gemüsesäfte.

ORIGINELLE ÜBERBRINGER *Verschicken Sie doch als Einladung in durchsichtige Folie laminierte Kaffeebohnen (das Laminieren erledigt ein Copyshop). Das Päckchen dann mit einem Silberlackstift beschriften. Auch sehr hübsch: einen Sektkorken, dem die gerollte Einladung angebandelt wurde, versenden.*

PLATZIERUNG Decken Sie für Ihre Frühstücksgäste den Tisch fantasievoll ein. Frisches Grün, üppige Blumensträuße und kräftige Farben zaubern beste Morgenlaune. Für Speisen und Getränke bereiten Sie am einfachsten ein Buffet vor, an dem sich jeder nach Lust und Laune bedienen kann. Die Grenze zum Brunch wird fließend, wenn Sie noch einige pikante Leckereien, wie Mini-Quiches oder Hackbällchen im Nudelnetz (siehe Rezeptteil, Seite 34 und 38), in petto haben.

SONNIGE ZEITEN Kombinieren Sie Weiß und Gelb bei der Tischdekoration, dann haben Sie die Sonne auf Ihrer Seite. Auch an einem verregneten Herbsttag wird diese Farbkombination noch für sonnige Gemüter sorgen. Der Stil der Dekoration lässt sich dabei frei bestimmen: Klassisch ist ein üppiges Arrangement aus gelben Teerosen. Zartgelbe Tischbänder, edles Glas und silberne Accessoires, wie Serviettenringe und Platzteller, unterstreichen die elegante Note.
Für eine mediterrane Brise sorgt ein frischer Strauß aus Zitronenzweigen, Mimosen, Tulpen und Narzissen mit gelben Callas und einigen blauen Efeubeeren. Er wirkt nicht nur extravagant, sondern duftet auch herrlich.

ELEGANT
TROCKEN
SEIT 1922
DRY
SEKT
Mumm & Co.
ELEGANT
TROCKEN
SEIT 1922
DRY

Bei diesem kräftig gelben Blumenschmuck sollte die übrige Dekoration nicht verblassen. Wählen Sie einen kräftigen Farbton bei den Servietten und dekorieren Sie Tisch und Buffet üppig mit knallgelben Zitronen und kleinen Mimosensträußchen.

FRÜHSTÜCK MIT MEHRWERT *Sofern Sie nicht ein Sektfrühstück mit „open end" ausrichten möchten, schlagen Sie doch bereits bei der Einladung einen krönenden Abschluss vor, wie z.B. einen Museumsbesuch oder einen gemeinsamen Spaziergang.*

FRÜHSTÜCK PROVENÇALE Lieben Sie die ländliche Gemütlichkeit Frankreichs? Zur Dekoration eignet sich alles, was an die bauschigen Blütenkissen des Lavendels erinnert: Kränze und Sträuße aus getrocknetem Lavendel, lilafarbene Accessoires und ein Duft-Potpourri aus Lavendelblüten, Gewürznelken, Sternanis und Zimtstangen.
Kulinarisch reizvoll ist dazu ein kleines Honigbuffet mit allen Köstlichkeiten der fleißigen Bienchen – angefangen vom Lindenblütenhonig über Akazien- und Waldblütenhonig bis hin zu Lavendelblütenhonig. Frische Brioches aus dem Ofen, Baguette und Croissants, eine reichhaltige Käseauswahl, mit frischen Trauben, Feigen und Walnüssen garniert, dazu den typischen Café au lait und ein Gläschen Mumm Dry – wer fühlt sich da nicht wie Gott in Frankreich?

Durch Körbchen in verschiedenen Größen, in denen man das Backwerk arrangiert, bekommt das Buffet einen ländlichen Touch. Schlichtes Porzellan oder auch glasiertes Steingutgeschirr passt am besten dazu. Florale Muster, rustikales Baumwollgewebe oder grobes Leinen sind für Tischtuch und Servietten ideal.

DRUCKFRISCH AUF DEN TISCH Hier eine ganz andere Dekoidee für Ihr Sektfrühstück: Warum nicht mal die Frühstückslektüre zum tragenden Element der Dekoration machen? Tagesaktuell müssen die Zeitungen, die Sie als Tischverkleidung verwenden, dabei nicht sein. Aber damit Ihre Gäste nicht „angeschwärzt" werden, sollten Sie eine durchsichtige Foliendecke darüber legen.
Sehr puristisch wirken dazu zarte Gräser in einfachen Glaskaraffen; Tisch und Teller werden ergänzend mit einigen locker verstreuten Kaffeebohnen garniert. Ein Croissant mit Servietten-Schal liegt bereits als Begrüßung auf dem Teller.

LOCKER BLEIBEN Um ein Sektfrühstück zu geben, müssen Sie kein Frühaufsteher sein. Das meiste lässt sich vorbereiten. Den Tisch kann man schon abends decken und ebenso das Buffet bereitstellen: Marmeladen und Honig in Schälchen anrichten, Schüsselchen fürs Müsli bereitstellen, Obstsalat und Sahnejoghurt mit Frischhaltefolie abdecken und kalt stellen, Brötchen, Brioches & Co. am Vortag vor- und dann nur noch aufbacken (oder gleich beim Bäcker frisch bestellen).

TIPP *Zum provenzalischen Frühstück mit Honigbuffet, frischen Croissants und Lavendelsträußchen als Deko darf die passende Musik natürlich nicht fehlen: französische Chansons.*

Willkommen im neuen Zuhause

Der Umzug ist geschafft: der letzte Schrank aufgebaut, die letzte Kiste ausgepackt. Jetzt können Freunde und Nachbarn zum Einstand in die neue Traumwohnung kommen!

EINLADENDE IDEEN Grundsätzliches zum Thema Einladung finden Sie im ersten Teil dieses Buches. Hier aber ein paar originelle Einladungsideen für diesen speziellen Anlass:
Sie haben Ihre Traumwohnung über eine Zeitungsanzeige gefunden? Dann kopieren Sie doch einen Ausschnitt der Zeitungsseite, heben „Ihre" Anzeige durch farbige Marker hervor und schreiben die Einladung zur House-Warming-Party dazu.
Oder verschicken Sie ein Foto vom Möbelwagen oder von der neuen Eingangstür, ein Stück Original-Umzugskarton oder auch ein Puppenmöbel – gut verschnürt und mit der Einladung verpackt, versteht sich!
Kaufen Sie Ihre „Einladungskarten" doch mal beim letzten Besuch im Baumarkt: Auf einem breiten Spachtel haben alle Infos Platz (zu bewundern auf Seite 23 dieses Buches).
Housewarming im wahrsten Sinne des Wortes stellt sich ein, wenn alle Gäste ihre Kerzen, die Sie mit der Einladung versendet haben, im neuen Heim entzünden.

QUO VADIS? Wenn Sie nicht darauf vertrauen wollen, dass Ihre Gäste immer mit Stadtplan und gutem Orientierungssinn ausgestattet sind, dann sollten Sie Ihrer Einladung ins neue Heim unbedingt eine Wegbeschreibung, evtl. mit Stadtplankopie, beilegen!

TISCH-REGELN Wenn die neuen Möbel eventuell noch auf sich warten lassen oder einfach ein paar Stühle fehlen, können Sie mit Biertischgarnituren und Umzugskartons improvisierte Sitzgelegenheiten schaffen. Einheitlich farbige Papiertischdecken, großzügig verteilte Teelichter und in einfache Gläser gestellte einzelne Gerbera bilden eine anheimelnd-zünftige Tischdekoration.

NETTER EMPFANG *Schmücken Sie doch Ihre Haustür, um Ihren Gästen auf die Fährte zu helfen. Und Ihnen schon von Weitem zu sagen: Herzlich willkommen! Ein Buchsbaum oder ein Margeritenbäumchen mit Schleifen geschmückt, eine Girlande aus frischem Grün mit bunten Bändern oder ein „Welcome" aus großen Pappbuchstaben bringen Ihren Eingang groß heraus.*

EINE PARTY FÜR ALLE? *Neue Wohnung, neue Nachbarn. Nicht immer passen Freundeskreis und Nachbarn gleich zusammen. Lassen Sie sich daher von Ihrer Intuition leiten, um zu entscheiden, ob Sie zur Einweihungsparty gleich alle einladen oder ob Sie die Nachbarn lieber bei einem kleinen Abendessen besser kennen lernen wollen.*

NUR KEINE UMSTÄNDE Vieles ist direkt nach dem Einzug noch nicht perfekt. Machen Sie daher aus der Not eine Tugend: Bitten Sie Ihre Gäste um Mitbringsel fürs Buffet! Ob Salat, Eintopf, Fingerfood oder Dessert – jeder bringt was mit. Es lebe die Vielfalt! Einfach zugreifen und Spaß haben!
Gut vorbereiten lässt sich auch ein Tex-Mex-Buffet, an dem sich die Gäste selbst die Füllung für ihre Weizen- oder Mais-Tortillas zusammenstellen, z. B. aus klein geschnittenem Salat, gewürfelten Tomaten, Guacamole, Sour Cream und feurig-scharf angebratenem Hackfleisch. Gut dazu passen im Ofen mit Käse überbackene Nachos und bunter Salat.
Oder lieben Sie Crêpes? Ob süß oder pikant, diese kleinen, hauchdünnen Pfannkuchen lassen sich schnell ausbacken. Das können Sie auch bereits am Vortag erledigen. Einfach Pergamentpapier zwischen die einzelnen Crêpes legen und diese dann am Einladungstag im Backofen bei 150 °C wieder aufbacken. Schmeckt wie eben von der Platte geholt. Marmeladen, Fruchtsaucen und vorbereitete Gemüsefüllungen machen die kleine Schlemmerei perfekt. Immer gut kommen natürlich auch typische, unkomplizierte Partygerichte an, wie z. B. Pizza vom Blech, Frikadellen, Brot und Schmalz.

DAS BIERBUFFET In lockerer Runde ist Bier das Getränk Nummer eins. Mit einem echten Bierbuffet können Sie Ihren Gäste dabei etwas ganz Besonderes bieten. Bei einer Auswahl von Weizenbier über Pils bis hin zu Kölsch und Starkbier kommt jeder auf seinen Geschmack. Ein guter Getränkemarkt sollte eigentlich eine umfangreiche Auswahl an Biersorten bereithalten. Wem das alles zu mühsam ist, der kann auch eine Altbierbowle anbieten: Kleingeschnittene Dosenpfirsiche mit etwas Saft ins Glas geben, mit Altbier auffüllen und mit einem langen Löffel servieren. Fertig!

NEUE EINDRÜCKE Eine Erinnerung an die erste Party in den neuen vier Wänden gefällig? Wenn Sie nicht auf ein traditionelles Gästebuch zurückgreifen wollen, dann geben Sie doch Ihren Gästen die Gelegenheit, Spuren zu hinterlassen, z. B. mit Fingerfarben auf einem großen Bogen Papier, den Sie dekorativ am Eingang an die Wand spannen. Ganz Mutige lassen ihre Gäste auch direkt auf die Wand bzw. Tapete schreiben. Oder Sie stellen kleine Holzrahmen mit Modellier- oder Gipsmasse bereit, in der Ihre Gäste ihre Handabdrücke hinterlassen können – für Ihre ganz private „Wall of Fame“!
Immer eine schöne Erinnerung sind Fotos von Ihren Gästen. Anstatt sie, wie üblich, in ein Fotoalbum einzukleben, ist es eine nette Idee, aus den Fotos eine Collage zu basteln, die, eingerahmt, Platz in Ihrem Flur findet und immer aktualisiert wird.

TIPP *Planen Sie die klassischen Glücksbringer „Brot und Salz“ doch gleich als Tischdekoration fest mit ein – natürlich zum späteren Aufessen freigegeben.*

Das blühende Leben feiern

Die Natur erwacht, das erste Grün sprießt und duftige Blüten zieren Sträucher und Bäume. Frische Kräuter und zartes Gemüse machen uns das junge Jahr schmackhaft. Wenn das kein Grund zum Feiern ist!

ES GRÜNT SO GRÜN Sie können den Frühlingsanfang kaum erwarten? Dann setzen Sie bei der Tischdeko Ihres Frühlingsfestes doch einfach auf frisches Weiß und sattes Grün gegen graue Tage.
Eine weiße Tischdecke lässt sich blitzschnell begrünen: Legen Sie eine kräftig grüne Stoffbahn in die Mitte, die Seiten nur einfach eingeschlagen. Oder lassen Sie dunkelgrüne Stoffservietten als Platzsets lässig über die Tischkante hängen. Grüne Wassergläser setzen lichte Akzente und passende hellgrüne Servietten sind das Tüpfelchen auf dem i.
Ist die Tischplatte weiß, verzichten Sie auf eine Decke. Arrangieren Sie stattdessen lindgrüne Organzaschals als Platzsets – das wirkt luftiger. Oder verwenden Sie Platzteller aus Glas.

DER NATUR BEIM WACHSEN ZUSEHEN Das kann man bei Zwiebelvasen, die jetzt voll im Trend liegen. Weiße Hyazinthen und Tulpen sorgen so bereits vor dem Aufblühen für einen frühlingsfrischen Look. Ebenfalls für Frühlingsgefühle sorgen dichte Sträuße aus zarten Blüten, wie Maiglöckchen und Mini-Osterglocken, die man in kleine Zinkgefäße setzt. Sehr edel wirken in hohe Glasvasen versenkte weiße Amaryllis- oder Orchideenblüten. Reservieren Sie eine Blume pro Gedeck und legen Sie sie, mit einer kleinen Schleife verziert, auf die Serviette oder auch pur auf den Platzteller.
Fruchtig-exotisch machen sich dagegen frische Limetten, ganz und halbiert in große Windlichtgläser gefüllt (zu bewundern auf Seite 49 dieses Buches). Passend dazu können Sie ein Lotus-Blatt als Platzteller verwenden und die Serviette als Rolle mit einigen langen Gräsern zusammenbinden.

JUNGES GEMÜSE Saisonale Genüsse bescheren die intensivsten Geschmackserlebnisse. Und da im Frühjahr zartes Gemüse und Kräuter Saison haben, schlemmen Sie sich doch einfach durch die „grüne Küche", z. B. mit Hähnchenbrust mit Kräutersauce auf grünem Gemüsebeet. Der Wonnemonat Mai krönt das Menü darüber hinaus mit heimischem Spargel in Weiß und Grün – ob kalt als kunstvoll geschichtete Spargelsülze oder warm mit Kräutercrêpes oder pur mit Buttersauce. Und zum Dessert: frische Erdbeeren!

IM GRÜNEN FEIERN Die Sonne steigt höher, die Tage werden länger und die ersten warmen Wochenenden laden ein, auch wieder draußen zu feiern. Laden Sie doch ein zur Maibowle mit frischem Waldmeister (weitere Sektbowlen: siehe Rezeptteil, Seite 33)!
Wer sich mit seinen Gästen jetzt in den Garten wagt, sollte sich vorsichtshalber drinnen ein Rückzugsgebiet offen halten – das Wetter kann noch sehr launisch sein! Eine nette Idee: wenn die Teller-Deko beim Umzug mitgehen kann. Klammern Sie einfache Kerzenhalter (Weihnachtskiste!) an die Teller und setzen Sie in jeden ein Gänseblümchen oder ein Stiefmütterchen.
Gut gewickelt, lassen sich auch Blumensträuße schnell mitnehmen. Lassen Sie sich beim Blumenhändler mit bunten Schnüren kleine, feste Sträuße binden. Sehr schön wirken orangefarbene Ranunkeln oder rosa Hyazinthen mit blauen Perlhyazinthen. Jeweils eine Sorte in der Mitte und die andere ringsherum. Unten gerade abgeschnitten und auf einen Teller mit Wasser gestellt, lassen sie den Kopf nicht hängen.

FRÜHLINGSHAFTES OSTERN Liegt Ostern spät im Jahr, dann können Sie die zuvor beschriebenen Dekoideen auch prima für Ihr Osterfest verwenden. Mit Familie und Freunden lässt sich die Eiersuche sehr gesellig gestalten. Und zur anschließenden Stärkung wird zum Brunch an den österlichen Gartentisch geladen.
Ob Sie das Osterlamm mit frischer Minzsauce servieren oder es lieber aus Hefeteig backen, ob die Kresse bei der Rahmsuppe die tragende Rolle spielt oder bei den bunten Ostereiern auf dem Tisch – auf einem Osterbuffet findet jeder sein Lieblingsgericht. Schön, wenn die Gerichte ein wenig Symbolkraft besitzen und nach Frühling schmecken.

NESTHOCKER Eier haben an Ostern Hochsaison und lassen sich gern in Szene setzen. Natürlich wirken Nester aus Zweigen, gedrehtem Heu oder Gräsern. Gebogener Kükendraht wird durch eine Moos-Polsterung „Ei-gemütlich". Nicht nur ein Augenschmaus sind Ei-Nester aus Hefeteig. Und für coole Großstadt-Nester: Stahlputzwolle auf einem Vogelsandbett lässt Eier glänzen. Aber auch Topfbürsten aus dem Baumarkt bieten dem Ei eine attraktive Basis.

BUNT IN SCHALE Farbe ist bei Ostereiern Trumpf. Ei-Künstler halten sich gern an Wasserfarben und Wachsmalkreiden. Sie können Ihre Ostereier aber auch im Tischdeckendesign verzieren: vielleicht rot-kariert oder lieber gelb-gestreift?

TIPP *Wie wär's mit einer essbaren Tischdekoration? Leuchtend rote Erdbeeren mit einigen Blättern in pastellfarbene Schälchen arrangiert, sind nicht nur optisch ein Genuss.*

Prickelndes Stand-by

Sie wollen ein großes Ereignis mit vielen Gästen feiern, haben aber weder Zeit noch Lust, ein üppiges Dinner samt Sitzordnung zu organisieren? Dann geben Sie doch einfach einen Sektempfang!

VIEL FEIER, WENIG AUFWAND Traditionell wird ein Empfang um 11 Uhr vormittags gegeben und dauert anderthalb bis zwei Stunden. Außer der Raumgröße gibt es keinerlei Einschränkungen, was die Anzahl der Gäste betrifft: Je bunter die Mischung, desto mehr Gesprächsstoff.

ERLESENE FÜLLUNG Sekt, Sekt und nochmals Sekt, lautet das Motto für die Getränke. Aber auch Sekt-Cocktails, wie ein Bellini oder ein Kir Royal, haben ihre treue Anhängerschaft, die Sie nicht enttäuschen sollten (einige Rezeptanregungen mit Mumm Dry finden Sie im Rezeptteil dieses Buches, Seite 32). Mineralwasser, Orangensaft oder ein spritziger Fruchtsaftcocktail lassen auch die Autofahrer unter den Gästen nicht verdursten.

GENUSS HÄPPCHENWEISE Bieten Sie dazu einen kleinen Imbiss an. Originell zusammengestellte Fingerfood-Häppchen, fantasievoll belegte Canapés und köstlich duftendes Käsegebäck sind allererste Wahl. Sofern Sie nicht selbst aktiv werden wollen (Rezepte für Fingerfood finden Sie auf den Seiten 34 bis 39), kann Ihnen ein Caterer oder Partyservice dabei professionell zur Seite stehen.

DEKORATIVE ABNEHMER Last but not least: kein Empfang ohne Stehtische; sie lassen nicht nur die Handmuskeln der Gäste entspannen, sondern geben – effektvoll dekoriert – dem Event erst die entsprechende Note.

STIMMUNG ZAUBERN Wie haben Sie's gern: klassisch, trendy oder innovativ? Die Dekoration ist reine Geschmackssache. Allerdings gilt für die Tischdekoration: in der Kürze liegt die Würze. Rauben Sie Ihren Gästen nicht den attraktiven Anblick des Gegenübers durch florale Aufbauten. Lassen Sie vielmehr durch eine romantische Kerzenbeleuchtung den Funken überspringen ...

IM NAMEN DER ROSE Nicht von gestern, sondern zeitlos schön ist die klassische Variante der Stehtisch-Dekoration in Weiß mit roten Akzenten. Die weiße Tischdecke wird am Tischfuß mit einer roten Stoff- oder Lackschleife zusammengefasst. Duftende Rosen, in Biedermeierart Kopf an Kopf gebunden, bilden den Blickpunkt dieser edlen Dekoration.
Oder wählen Sie die sinnlichere Interpretation: Verstreuen Sie zarte Rosenblätter üppig auf dem Tisch und setzen Sie einzelne große Blüten und

ANKERPLATZ FÜR GETRÄNKE *Bauen Sie für Ihre Getränke am besten eine Bar auf, an der sich jeder selbst bedienen kann. Und engagieren Sie zusätzlich mindestens eine Person, die das Nachfüllen der Getränke übernimmt oder frisch gefüllte Gläser zu den Gästen an die Stehtische bringt.*

Teelichter in schlichten Gläsern oder Teeschalen dazwischen. Als passende Hintergrundmusik eignet sich Salonmusik oder modern interpretierte, „leichte" Klassik.

FÜR ZARTE GEMÜTER Neu im Trend sind Pastellfarben in fruchtigen Nuancen wie Pfirsich, Lemon oder Flieder. Für eine Dekoration am Puls der Zeit können Sie einen weich fließenden Organza-Schal in Ihrem Lieblingsfarbton über ein weißes Tischtuch drapieren. In einem Arrangement aus mehreren zierlichen Glasvasen oder kurzstieligen Weingläsern unterstreichen einzelne, stark farbige Blüten die Leichtigkeit des Seins. Statt einzelner Glasvasen können Sie aber auch einen „Swimmingpool" aus Glas kreieren: Ausgewählte Blütenköpfe schwimmen so dekorativ in einer Schale auf dem Tisch. Für stimmungsvollen Lichterschein sorgen entsprechend farbige Schwimmkerzen im Pool.

EINE RUNDUM GELUNGENE SACHE *Wenn Sie Ihren Dekostil gefunden haben, geben Sie auch Ihren Gästen die Gelegenheit, sich darauf einzustellen und gestalten Sie bereits die Einladung in diesem Stil. Denn im passenden Outfit feiert es sich fröhlicher!*

Bei der Musikauswahl darf es bei dieser modernen Inszenierung ruhig etwas exotischer werden. Von Soul bis Salsa – eralubt ist alles, was Spaß macht.

EISKALTE BEGEGNUNG Wer das Außergewöhnliche liebt, sollte seinen Sektempfang unter ein besonderes Motto stellen. Neben der Dekoration muss dann aber auch die Wahl des Raumes entsprechend originell ausfallen.
Mit dem Motto „Eiszeit" können Sie zum Beispiel in einer Loft-Etage richtig glänzen. Sehr cool wirken dick mit durchsichtiger Frischhaltefolie verpackte Stehtische. Silberfarbene oder weiß-irisierende Schleifen am Tischfuß und auf den Tischen verteilte prismenförmige Spiegelplättchen setzen schillernde Akzente und unterstreichen die glitzernde Atmosphäre.
Ein Blumenschmuck der besonderen Art ist eine Schale aus Eis mit eingebetteten Blüten. Teelichter sorgen dabei für die Erleuchtung von innen.
Oder lieben Sie den Kontrast? Dann platzieren Sie ein Kunstrasenelement auf dem Tisch und dekorieren Sie es mit exotischen Blüten wie Gloriosa oder Lilie. Minimalistische elektronische Musik und Instrumentals unterstreichen die Eiszeit akustisch.
Ob klassisch-elegant oder mit einem originellen Motto – das Drumherum für einen Sektempfang ist schnell organisiert, sodass mehr Zeit bleibt, um gemeinsam auf das Ereignis gebührend anzustoßen.

TIPP *Wenn Sie bei Ihrer Dekoration in Rosen schwelgen wollen, dann gestalten Sie doch auch Ihre Einladungskarten im gleichen Stil – mit einer gezeichneten Rose oder mit beigelegten Blütenblättern.*

Feiern wie die Schweden

Nirgendwo wird Mittsommer – der Tag der Sommersonnenwende, der längste Tag des Jahres – so begeistert gefeiert wie in Schweden. Ihnen hat bisher der Anlass für ein Sommerfest im Juni gefehlt? Dann feiern Sie doch einfach auch Mittsommer!

SCHWEDENSCHMAUS Wer bei schwedischer Küche nur an das Einbauküchenprogramm eines großen schwedischen Möbelhauses denkt, sollte sich einmal diese typischen Köstlichkeiten auf der Zunge zergehen lassen: Gekochte Flusskrebse mit Dill, Heringsrollen mit Pilzfüllung aus der Pfanne oder frisch geräucherter Lachs mit Senf-Dill-Sauce. Einige Partysalate dazu und fertig ist das Schweden-Buffet. Und zum Nachtisch gibt's Rote Grütze mit viel süßer Sahne.
Das ist Ihnen zu aufwendig? Dann fragen Sie doch mal bei einem Partyservice nach einem schwedischen Fisch-Buffet – Smaklig måltid!

AUF EIS GELEGT Ob Bier, Sekt oder Wein – denken Sie an die nötige Kühlung! Eine große Zinkwanne, gefüllt mit reichlich Eis (Getränkehandel), hält die Getränke am Buffet bereit und sieht zudem schön rustikal aus.
Fast schon Kultstatus hat die Bowle bei Gartenfesten. Fruchtig-spritzig ist sie in geselliger Runde ein Genuss der besonderen Art. Rezepte gibt's auf der Seite 33.

GRÜNER FESTSCHMUCK In Schweden wird Mittsommer tagelang vorbereitet. Es werden Häuser, Gärten und sogar Autos mit frischem Birkengrün geschmückt. Ganz so lange im Voraus müssen Sie Ihr Sommerfest ja nicht vorbereiten (dafür sorgen schon unsere Planungstipps im ersten Teil des Buches), aber frisches Birkengrün macht sich auch in unseren Breiten sehr gut. Schmücken Sie doch damit Tür und (Garten-)Tor!

LANGE TAFEL FÜR SOMMERGÄSTE Sie möchten gerne mit Ihren Gästen im Garten feiern, haben aber keinen geeigneten Tisch? Entweder Sie leihen sich Bierzeltgarnituren beim Getränkehändler aus oder Sie bauen sich Ihre Tafel selber: Zwei verstellbare Fassadenböcke aus dem Baumarkt holen und 4 m lange Bretter darauf legen. Jetzt noch zum Stabilisieren zwei Querleisten auf der Unterseite verschrauben. Fertig ist der Tisch für eine Saison. Im Herbst wird er einfach wieder demontiert und bis zum nächsten Jahr verstaut.

GUT BEDACHT Gegen Schlechtwetterüberraschungen ist man selten gefeit, aber für den Regenfall können Sie ja vorsorgen. Entweder durch ein gut gespanntes Sonnensegel, das auch einigen Tropfen standhält. Oder Sie reihen einige leichte Partyzelte aneinander und schaffen mit Schleifen eine standfeste Verbindung von Zelt zu Zelt.

FLAGGE ZEIGEN *Streifenstoffe und eine Tischdekoration in Schwedenfarben – königliches Blau mit einer Prise Sonnengelb – machen Stimmung. Einfaches blaues Geschirr kommt auf weißen Untertellern richtig zum Leuchten. Dazu passen prima blaue Gläser.*

STRANDLAUNE GEFÄLLIG Maritime Accessoires, wie Muscheln, Seesterne und blanke Kieselsteine, locker auf Tische und Buffet verteilt, sorgen für entspanntes Urlaubsfeeling.
Aber auch Blinker und schillernde Köderfische aus dem Anglerbedarf machen sich sehr gut. Für die Farbe Gelb sorgen Sonnenblumen: als Farbtupfer auf die Serviette gelegt, die Köpfe dekorativ in breite, mit Wasser gefüllten Schalen gelegt oder in großen Sträußen auf dem Buffet.

GANZ NATÜRLICH Oder wie wäre es einmal mit einer Naturdeko für den Tisch? Recyclen Sie ein paar Einmachgläser und verkleiden Sie sie mit Fundsachen wie Rindenstücken, Moos und Birkenzweigen. Grobe Bastschleifen, lässig geknotet, runden den Look ab. In diesen Naturgefäßen kommen Blumen büschelweise am besten zur Geltung – zum Beispiel die Mittsommerblumen der Schweden: gelbe Trollblumen, rote Lichtnelken und zart lilafarbene Storchschnabelblüten.

COUNTDOWN *Der Zeitpunkt des Sonnenuntergangs ist natürlich das Ereignis des Tages. Machen Sie sich über das Internet oder beim Wetterdienst schlau, zu welcher Uhrzeit die Sonne an Ihrem Partytag untergeht und inszenieren Sie einen gemeinsamen Countdown mit allen Gästen.*

LICHT-SPIELE Auch am längsten Tag im Jahr geht einmal die Sonne unter. Sorgen Sie durch Fackeln, Teelichter und Kerzen dafür, dass Ihre Gäste auch schon in der Dämmerung zu den Erleuchteten gehören. Große Windlichter aus Glas sollten eher am Wegesrand und im Hintergrund für Erhellung sorgen. Auf dem Tisch können sie Ihren Gästen den Überblick rauben.
Lassen Sie doch selbst gegossene Fisch-Schwimmkerzen im Goldfischglas leuchten. Oder umgeben Sie kleine Stumpenkerzen und Teelichter mit einem dekorativen Windschutz aus feinem Drahtgewebe. In einfachen, mit farbigem Wasser gefüllten Glaskaraffen kommt eine Gruppe dünner Stabkerzen groß raus.

STIMMUNGSMACHER Wenn Sie im Garten feiern, sollten Sie sich frühzeitig um eine ausreichende Beschallung kümmern. Und eventuell um kleine Good-Will-Geschenke für die angrenzenden Nachbarn, sofern Sie sie nicht zur Feier einladen. Musikalisch sehr stimmungsvoll können Sie das Mittsommernachtsfest mit Ethno-Musik, z. B. Volkmusik aus Schweden, Irland oder Schottland begleiten. Oder natürlich mit Ihrer Lieblingsmusik.

DRINNEN WIE DRAUSSEN Sie haben keinen Garten zum Feiern? Dann laden Sie doch Ihre Gäste einfach auf den Balkon oder in den Wintergarten ein. Wenn auch diese Alternativen ausfallen, gibt's nur eins: Fenster weit öffnen und mit viel Grün zum „Halbbalkon" umgestalten. Über Grasflecken in der Kleidung brauchen Sie sich dann am nächsten Tag nicht zu ärgern!

SUNDOWNER-COCKTAIL *Er ist ideal zum Anstoßen, wenn die Sonne den Tag verabschiedet: Pro Person 2 cl Southern Comfort, 1 cl Cointreau, 1 cl Zitronensaft und 2 cl Orangensaft mit Eis im Shaker schütteln. Durch ein Sieb in eine Sektschale geben und mit kaltem Mumm Dry auffüllen. Mit Früchten und Minze dekorieren.*

Die hohe Kunst der Gastlichkeit

Wer Exotisches liebt und am Dekorieren Freude hat, der sollte mal eine asiatische Einladung geben. Denn Sushi, Sashimi und Krabbenchips sind jetzt bei trendbewussten Genießern gefragt.

DAS AUGE ISST MIT Das gilt für das stilechte Arrangieren der Speisen ebenso wie für die Tischdekoration. Asien ist groß und die Stilrichtungen variieren je nach Land und Region teilweise erheblich voneinander. Gut für Sie! Wählen Sie aus der Vielzahl der Anregungen „Ihre" Dekoration aus oder fügen Sie die einzelnen exotischen Elemente zu einem neuen Ganzen zusammen.

GEOMETRISCHE STRENGE Starke Farbkontraste und klare Formen sind Ausdruck der japanischen Tischkultur. Im Vordergrund stehen schwarz-weiße und rot-schwarze Kombinationen von Tischtuch bzw. Platzset, Geschirr und Accessoires. Hier gilt die Regel: Weniger ist mehr.

Also reduzieren Sie den gedeckten Tisch ruhig auf einen weißen Seidenschal, den Sie längs in der Tischmitte auslegen. Quer dazu markieren einfache schwarze, über die Tischkante hängende Bastsets die gegenüber liegenden Sitzplätze. Platzteller, Teller und Schälchen wechseln sich farblich in Schwarz und Weiß ab.
Den Tisch ziert ein filigranes Ikebana-Gesteck oder ein Tischgärtchen aus Steinbrechgewächsen mit Lavasteinchen in einem länglichen Holzkasten. Oder ein Lackkästchen im Zen-Stil – mit geometrisch gezogenem Sandmuster und einigen arrangierten blanken Steinen.

TRADITION MIT CHINA BLUE Weißes Porzellan passt hervorragend zu den traditionellen Tellerchen und Handschüsseln mit dem feinem blauen Reiskorn-Muster. Vielleicht haben Sie ergänzend dazu einige chinesische Accessoires, wie Teegeschirr, Stäbchenbänkchen und mit Schriftzeichen bedruckte oder bestickte Servietten, im Haus. Ansonsten gibt es vieles (sogar recht preiswert) in Asienläden zu kaufen.

Mit hübsch zusammengeschnürten Knoblauchgrasbündeln oder dekorativ gerollten exotischen Blättern bringen Sie das Blau-Weiß des Geschirrs zum Leuchten. Sehr zierlich wirkt hierzu eine weiße Orchidee als Tischblume.

KÖSTLICH FERNÖSTLICH Natürlichkeit, Ästhetik und Harmonie vereinigen sich in der asiatischen Küche. Trotz Zubereitung sollen die Lebensmittel daher möglichst viel von ihrem Eigengeschmack behalten. Somit wird Fisch roh (wie bei Sushi) oder nur kurz angebraten serviert und auch Gemüse im Wok meist schonend kurzgebraten anstatt lange im Topf vor sich hin zu schmoren. Fleisch spielt in Asien oft nur die Nebenrolle – als würzende Beilage. In Asien gibt es keine Menüfolge und auch keinen ausgesprochenen Hauptgang. Alle Speisen – bis auf das Dessert – werden gleichzeitig aufgetischt. Mit der richtigen Planung bekommen Sie das aber spielend in Griff ...

LANG TSU Für Einsteiger eignet sich ein Wok-Gericht. Woks gibt es dafür mittlerweile in großer Auswahl – mit

AM LIEBSTEN MIT SCHÄLCHEN *Wenn Sie gerne stilecht mit Stäbchen speisen möchten, denken Sie auch daran, Ess-Schälchen bereitzustellen. Diese erleichtern nicht nur den Balanceakt beim Essen, sondern lassen sich auch sehr gut dekorieren. Legen Sie beispielsweise die Stäbchen quer darüber, um so einer darauf gesteckten zarten Orchideenblüte kaum sichtbaren Halt zu geben.*

KLEINES RUHEBÄNKCHEN *Als nette Stäbchenablage eignen sich längliche Kieselsteine, die Sie entweder mit Garn umwickeln oder mit einem chinesischen Schriftzeichen bemalen.*

passendem Rechaud (wichtig: das Rechaud muss wirklich Power zum Braten haben) oder als Elektro-Ausführung. Das vorbereitete Gemüse und Fleisch wird dann einfach am Tisch vor aller Augen zu einem leckeren Gericht mit Biss gegart. Ganz wichtig: Da im Wok in der Regel mit heißem Öl gegart wird, sollten Sie zu diesem Anlass keinesfalls Ihre edelste Tischdecke zum Einsatz bringen! Wenn Sie sich für ein Wok-Gericht entschieden haben, zum Beispiel für „Pfannengerührtes Gemüse mit Mungobohnensprossen und Hähnchenstreifen", komponieren Sie dazu, neben Reis, noch einige kleine Gerichte. Sushi (am besten fertig zubereitet kaufen oder aus der Tiefkühltruhe) und Wan-Tan (siehe Rezeptteil, Seite 38), gebratene Garnelen, Fleischbällchen mit Glasnudeln und Gemüsesuppe mit Shiitake-Pilzen seien hier nur stellvertretend für die vielen Köstlichkeiten der asiatischen Küche genannt. Beim Dessert steht Ihnen die große Palette exotischer Früchte – von Ananas und Mango bis hin zu Papaya und Lychees – zur Verfügung.

COCKTAIL STATT DESSERT *Wie wär's einmal mit einem Drink aus 3 cl weißem Rum, 2 cl Wodka, 5 cl Cream of coconut, 5 cl Ananassaft, 1 cl Sahne und 1 cl Curacao blue. Alles zusammen mit Eis gut shaken, in ein Longdrinkglas (zu einem Drittel mit zerstoßenem Eis gefüllt) seihen und mit Obst dekorieren.*

Bieten Sie die Früchte, mundgerecht in Kugel-, Fächer- oder Würfelform geschnitten, an.

BLITZMENÜ Auch wer keine Zeit für stundenlange Vorbereitungen hat, kann mit asiatischer Küche glänzen. Decken Sie den Tisch mit viel Liebe zum Detail ein. Stellen Sie Teller und Schälchen warm – und ordern Sie das Essen beim Asia-Restaurant Ihres Geschmacks und Vertrauens! Arrangieren Sie dann die Gerichte auf dem vorgewärmten Geschirr und verzieren Sie sie mit Zitronengras und einigen einfachen, frischen Garnituren.

PERLEN AUS FERNOST Kunstvolle Garnituren gehören zur fernöstlichen Küche einfach dazu. Zu den einfachen, aber effektvollen Ideen gehört das Tomatenröschen: Mit einem scharfen Messer die Schale einer kleinen, festen Tomate spiralförmig in einem Stück abschälen und diese dann locker mit den Fingern zu einer Rose aufdrehen.
Die Zwiebelpalme blüht, wenn Sie das weiße Stück einer Frühlingszwiebel von oben mehrmals über Kreuz einschneiden und in kaltes Wasser legen, bis sich die „Palmzweige" biegen.
Für den Gurkenfächer brauchen Sie schon etwas mehr Fingerspitzengefühl: Etwa 4 cm Salatgurke längs halbieren. Dann das Stück von einer Seite her bis auf einen Rand von 1 cm fein einschneiden. Anschließend jede zweite „Lamelle" nach innen einschlagen.
Für ausgestochene asiatische Motive aus Möhren-, Gurken- und Paprikascheiben gibt es in Asienläden auch spezielle Ausstecherformen zu kaufen.

TIPP *Zarte Kirschblütenzweige, einzeln oder in Grüppchen in schlichte Vasen gestellt und im Zimmer verteilt, unterstreichen das asiatische Flair der Einladung. Passt am besten zum „China Blue-Geschirr“.*

Klassiker neu inszeniert

„Gleich zu gleich gesellt sich gern", ob Opernfreund oder Theatergänger, ob Literaturfan, Anhänger der Hausmusik oder leidenschaftlicher Cineast. Es macht Spaß, sich mit Gleichgesinnten auszutauschen und die gemeinsame Begeisterung zu pflegen. Warum also daraus keinen Anlass für einen Kulturabend machen?

GUT GESTIMMT Sie treffen sich regelmäßig mit Kollegen oder Bekannten zum gemeinsamen Musizieren? Sie haben sich durch jahrelange Etüden zum Klaviervirtuosen gemausert oder nehmen Gesangsstunden? Dann überraschen und begeistern Sie doch Freunde, Bekannte und Familie mit Ihrem Können und laden Sie zum Hauskonzert ein! Eine Einladung auf Notenpapier oder mit einem Partitur-Kopf versehen, stimmt Ihre Gäste auf Ihren großen Auftritt ein.
Wählen Sie zu diesem Anlass nicht nur „schwere" Stücke aus, denn damit könnten Sie den ein oder anderen Gast überfordern. Stellen Sie sich stattdessen der Herausforderung, eine harmonische Mixtur aus leichten und schweren, beschwingten und besinnlicheren Stücken zusammenzustellen. Ein nettes Andenken an einen gelungenen Abend könnte zudem das Programmblatt sein.

Wie wär's einmal damit, den musikalischen Genuss mit dem locker-elegantem Ambiente einer Cocktailbar zu verbinden. Fragen Sie doch einmal einen „begabten" Freund, ob er nicht Zeit und Lust hat, für Sie die Bar zu übernehmen oder engagieren Sie einen echten Barmixer. Die Getränke sind – neben der Musik – das A und O. Für die Pausen benötigen Sie noch einige Häppchen und Fingerfood (siehe Rezeptteil), die Sie auf einem zentral platzierten Tisch bereitstellen, damit alle Gäste sich problemlos bedienen können.

PASTA & PUCCINI Wer nicht selbst musizieren kann oder möchte, kann dennoch mit Freunden einen musikalischen Abend verbringen. Laden Sie ein zum symphonischen Diner – mit Musik aus der Konserve (sprich mit einer Klassik-CD oder mit der Videoaufzeichnung einer ganz besonderen Opern-Aufführung). Und servieren Sie erlesene Antipasti, Fettuccine mit zwei verschiedenen Saucen und Tiramisu als Dessert, während Sie gemeinsam Puccinis Werken lauschen. Nett ist es, wenn Sie den Tisch dazu passend italienisch dekorieren – mit dekorativ zusammengebundenen Grissini, Basilikumtöpfchen und kleinen Strauchtomatenrispen.
Wer dagegen Mozarts Zauberflöte liebt, schmückt den Tisch besser mit bunten Federn und zierlichen Flöten oder – im Stil der „Königin der Nacht" – ganz in Dunkelblau und Silber.

SPIEL'S NOCH MAL, SAM! Wer kennt ihn nicht, den Klassiker „Casablanca". Wenn auch Sie zu denjenigen gehören, die diesen Streifen immer und immer wieder sehen könnten, dann tun Sie doch genau das und versammeln Sie sich mit Ihren Freunden zum Filmabend!
Sichern Sie sich den Film durch rechtzeitige Vorbestellung in der Videothek – falls Sie ihn nicht schon zu Hause im eigenen Bestand haben. Sorgen Sie dann für ausreichend bequeme Sitzplätze, damit der Film Ihren Gästen nicht ungemütlich lang wird und verwandeln Sie Ihre vier Wände passend zum Film: Tropenatmosphäre mit Ventilator und Palmwedel für Casablanca.
Wenn Sie zu Kultfilmen, wie Blues Brothers oder der Rocky Horror Picture Show, einladen, können Sie Ihre Gäste auch mittels Einladung dazu animieren, filmtypisch verkleidet zu erscheinen. Wichtig ist dann natürlich das Bereitstellen der Accessoires zum Mitmachen (Reis, Wasserspritze, Zeitungspapier, Kerze oder Feuerzeug, Sekt...). Aber: Sichern Sie vorher Teppichboden und Polstermöbel! Gestalten Sie den Abend wie einen edlen

Kinobesuch: Einen Mumm Dry und kleine Häppchen vor Beginn der Veranstaltung. Nach zwei Dritteln des Films eine kleine Pause, in der bei Quiche oder Suppe zugelangt werden kann. Und nach dem Abspann kann man sich bei Espresso und Dessert die schönsten Szenen auf der Zunge zergehen lassen.

KEINE ANGST VOR KLASSIKERN
Sie sind begeistert von einem neuen Buch? Dann veranstalten Sie doch eine Lesung im privaten Kreis und diskutieren Sie mit Ihren Bekannten darüber. Oder schwärmen Sie in Freundesrunde für einen ganz bestimmten Klassiker? Umso besser, dann suchen Sie doch einmal gemeinsam nach neuen Interpretationsansätzen oder machen das Leben des Autors zum abendfüllenden Thema. Das Tischgespräch ist schließlich ein wichtiger Bestandteil einer Einladung.

Vielleicht sind von Ihrem Schriftstelleridol auch kulinarische Vorlieben bekannt? Dann lassen Sie diese doch in die Menügestaltung mit einfließen. Bei Goethe ist beispielsweise die „Frankfurter Grüne Sauce" fast schon ein Muss. Oder lassen Sie sich vom Schauplatz des Geschehens inspirieren und wählen Sie die Gerichte passend zu Land oder Region aus. Laden Sie als „special guest" doch einmal einen Literaturkenner aus Ihrer Gegend ein (Hochschulprofessor, Oberschullehrer, Zeitungskritiker etc.). Das bringt frischen Wind, aber auch Kompetenz in Ihre Lesung.
Vielleicht lassen Sie ihre Gäste aber auch vorab eigene Recherchen zum Thema des Abends anstellen.
Die Möglichkeiten, einen Literaturabend zu inszenieren, sind vielfältig. Seien Sie kreativ!

PREVIEWS *Die Einladung in einer Videokassettenhülle mit einer Farbkopie des Filmplakates oder eines Szenenfotos spricht Bände. Oder Sie legen der Karte ein typisches Accessoire bei, wie die schwarze Sonnenbrille für die Blues Brothers. Falls der Film tränenreiche Wirkung hat, können Sie die Einladung auch auf einer Kleenex-Box platziert verschicken.*

ICH GLAUB ICH BIN IM KINO *Kinoambiente kommt ganz einfach auf, wenn Sie direkt vor Filmbeginn die „Eispause" mit Eis am Stil einschieben und frisches Popcorn schüsselweise verteilen!*

TIPP *Gestalten Sie die Einladung zur Lesung im Stil passend zum Werk und lassen Sie ein Zitat mit einfließen.*

Außergewöhnlich festlich

Das Menü ist fein und elegant, Kerzenlicht verzaubert die Räume und der Duft von Zitrusfrüchten, Tannengrün und Gewürzen lässt Kindheitserinnerungen wach werden. Die Zauberformel für den Gastgeber heißt an Weihnachten: „So viel wie möglich vorbereiten." Damit es auch für Sie ein Festtag wird.

ALLE JAHRE WIEDER Keine Weihnachten ohne feierliche Tafel, an der man sich mit der Familie oder mit einigen Freunden zu feierlich-besinnlichen Stunden zusammenfindet. Hier ein paar Ideen für wahre Tafel-Highlights zu Weihnachten:
Zu Ihrer Festtafel gehört eine feierliche Girlande? Dann stellen Sie doch diesmal statt Tannengrün eine Reisig-Girlande in den Mittelpunkt, die Sie mit grün-rot-gold-karierten Bändern, roten Beeren, ausgesuchten roten Rosen und Efeu schmücken. Für die Platzdekoration werden je eine Rose und ein Efeuzweig mit einem karierten Band zum Sträußchen zusammengebunden und auf die länglich gefaltete Serviette gelegt.

VERSTREUTES UND DEKORATIV VERSCHNÜRTES Alle, die es lockerer, aber dennoch traditionell mögen, können auch mit Gold besprühte Nüsse, rote Zieräpfelchen und Zimtsterne mit einigen Buchsbaumzweigen und einem roten Schleifenband über den Tisch verteilen. Legen Sie die Servietten für die Platzdekoration quadratisch gefaltet auf die Teller und platzieren Sie je einen Zimtstern und einige Nüsse darauf. Ziehen Sie dann ein Stoffband unter dem Teller durch und binden Sie damit über der Serviette eine lockere Schleife.

ZUM KUGELN Auch eine nette Dekoration: Arrangieren Sie Weihnachtskugeln in zwei Farben und mehreren Größen einzeln oder in Grüppchen auf der Tafel. Etwas Gold- oder Silberglitter und jede Menge Teelichter dazu, dann wird's prächtig. Das Besteck wird in die Serviette eingeschlagen und mit einem Band aus Glanzfolie verschnürt.

PLATZANWEISER WEIHNACHTSKUGEL *Einfach ein Schildchen mit dem Namen des Gastes an die Kugel hängen oder den Namen mit Silber- oder Goldstift auf eine dunkelfarbige Kugel schreiben. Und dann den kugeligen Platzanweiser auf der Serviette drapieren.*

GEZUCKERTE FRÜCHTE UND BLÜTEN
Sie sind ein haltbarer Weihnachtsschmuck der besonderen Art sind. Einfach Mandarinen, Nüsse, Tannenzweige, Rosen & Co. in flüssiges Eiweiß tauchen und anschließend in weißem, nicht zu feinem Zucker wälzen. Dann auf einem Blech auf der Heizung trocknen lassen und in einer Glasschale oder auf einer Etagere dekorativ arrangieren.

WEISSE WEIHNACHT Wer den Schnee nicht vor der Haustür hat, kann sich die Schneelandschaft auch auf den Tisch zaubern: Nehmen Sie eine weiße Tischdecke aus gecrushter Seide, mit Kunstschnee gefüllte, transparente Kugeln oder mit Silberfarbe verzierte Glaskugeln, kleine Tannenbäume aus weißem Karton und Eissterne, die aus feinem Draht gebogen oder aus Perlen aufgefädelt wurden. Schön dazu sind gerollte Stoffservietten, die mit weißen oder transparenten Perlenschnüren locker umwickelt werden.

HOCHSAISON FÜR ORANGEN *Kunstvoll in Mustern mit Gewürznelken bespickt und neben Efeu und Stefanotis-Zweigen als besonderer Tischschmuck arrangiert, sind Orangen immer ein Blickfang. Doch auch als Solitärstücke, mit zart herausgeschnitzten Mustern (geht am besten mit einem Zestenreißer), bringen Sie Abwechslung auf den Tisch. Und wie herrlich das duftet!*

FESTBELEUCHTUNG Weihnachten ohne Kerzen? Undenkbar! An den Tannenbaum gehören sie sowieso. Doch auch auf der Festtafel sorgen Kerzen in eleganten Leuchtern aus Silber oder Glas für Romantik. Oder wie wär's einmal mit großen Stumpenkerzen, die zum Fest frisches Tannengrün, mit einer Schleife am Fuß festgebunden, tragen?
Märchenhaften Schimmer verbreiten kleine Perlenkörbchen aus Draht oder auch transparent scheinende Schalen aus weißem Glas, wenn man Teelichter hineinstellt.

Naturverbunden wird's, wenn Sie Kerzen in mehrere hohe, mit Sand gefüllte Blumentöpfe stellen und diese mit Moos, kleinen Kiefernzapfen und roten Beeren verzieren.
Am besten im Dutzend wirken hingegen halbierte Walnüsse, die, mit Docht und Gel-Wachs gefüllt, zu Mini-Lichtern umfunktioniert wurden. Und wenn Sie keinen großen Aufwand, aber viel Stimmung haben wollen – dann dekorieren Sie doch einfach Ihre Wohnung mit Mini-Lichterketten.

JINGLE BELLS Wer nicht den ganzen Abend selbst singen oder musizieren möchte, sollte vorsorgen und eine geeignete Musikauswahl zusammenstellen. Traditionelle Weihnachtslieder und festliche Klassik sind besonders als Tafelmusik geeignet. Und wer nach dem Geschenkeauspacken in Tanzlaune kommen möchte, der sollte auch etwas Christmas-Rock griffbereit halten.

EIN FEST FÜR ALLE Auch die Gastgeber haben Feiertag – wenn die Vorbereitung stimmt! Lassen Sie sich daher nicht von Weihnachten überraschen, sondern bauen beziehungsweise kochen Sie vor! Planen Sie Ihr Menü nach Arbeitsaufwand und mit erleichternden Tricks: Eine Vorspeise und ein Dessert, die beide geduldig im Kühlschrank auf ihren Einsatz warten und ein Hauptgericht, das vorgekocht im Tiefkühlfach auf Eis liegt oder das in Backofengemeinschaft zusammen mit den Beilagen langsam und ohne große Aufsicht vor sich hin gart, erleichtern das Leben ungemein. Die erlesenen Zutaten für Ihr Festmenü sollten Sie unbedingt vorbestellen. Gut geplant, sind Sie so einige Tage vorher schon mit dem Einkauf fertig – und können sich unliebsame Überraschungen und viel Hektik sparen!

ZEIT FÜR GESCHENKE *Überraschen Sie Ihre Gäste und legen Sie auf jeden Platz ein winziges Geschenk als Willkommensgruß. Dabei kommt es weniger auf den Inhalt, sondern mehr auf die Geste und die liebevolle Verpackung an.*

Die Party des Jahres

Silvester ist der Anlass, um mit Freunden und Bekannten eine rauschende Party zu feiern. Um eventuelle Auswirkungen brauchen Sie sich dabei keine Sorgen zu machen – jedenfalls in diesem Jahr nicht mehr!

GANZ NACH MOTTO Wenn Sie möchten, dass sich Ihre Gäste noch lange gerne an Ihre Feier erinnern, dann sollten Sie eine Themenparty veranstalten. Dabei kommt es auf Ihre Ideen an, das Motto anschaulich zu machen – bei Einladung, Raum- und Tischdekoration, Buffet und Getränken. Beste Stimmung ist garantiert, wenn Sie neben der Partymusik auch einige Ideen für die Unterhaltung Ihrer Gäste in petto haben. Schließlich wollen Sie die Stunden bis zum großen Countdown ja nicht „absitzen"!

1001 NACHT Feiern Sie doch an Silvester mal üppig orientalisch! Schwelgen Sie in der Trendfarbe Rot in Samt und Seide, mit goldenen Kordeln und Quasten akzentuiert. Accessoires in Messing, wie Tabletts und Schälchen, Kerzenständer, Öllampen und Duftkerzenhalter, bringen orientalischen Glanz. Stellen Sie darüber hinaus Rosinen, Feigen und frische Datteln als Snacks bereit und servieren Sie dazu den typischen Pfefferminztee (mit einer Scheibe Zitrone und frischen Minzblättern garniert, in kleinen Teegläsern). Aromatisieren Sie den Raum durch Schalen mit Gewürzen und frischem Rosenwasser, das Ganze mit Blütenblättern verziert.
Das Buffet wird ebenfalls mit Rosenblüten geschmückt. Köstlich duftender Safranreis (mit Granatapfelkernen garniert), Lammragout mit Couscous und verschiedenen Gemüsesorten und pikant gefüllte Briks (kleine Täschchen aus hauchfeinem, knusprigem Teig) versetzen Sie mit allen Sinnen in den Orient. Zur Unterhaltung fehlen jetzt nur noch eine Schleiertänzerin und ein Märchenerzähler ...

ASTRO-PARTY Unter diesem Motto können Sie eine hellseherische Nacht mit Ihren Gästen erleben. Dekorieren Sie in der magischen Farbe Lila und in Silber. Setzen Sie die Symbole der Tierkreiszeichen in Szene: Als Raumdeko (in Glitterfarbe auf einige Stoffbahnen aufgebracht), als astrologischer Touch auf Gläser gemalt und als Verzierung fürs Buffet. Zu einseitig? Dann bringen Sie doch noch schöne Tarotkarten ins Spiel! Mit einem Farbkopierer vergrößert und laminiert, sind die dekorativen Motive überall einsetzbar.

UNIKATE *Unverwechselbare Trinkgefäße lassen sich aus schlichten Gläsern selbst herstellen: Malen Sie mit Emailfarbe und einem feinen Pinsel verschiedene Muster oder auch die Namen der Gäste auf und lassen Sie sie an der Luft trocknen. Nach drei- bis viermal Abwaschen lässt sich die Farbe wieder leicht abziehen.*

ZUKUNFTSWEISENDE WÜNSCHE *Asiatische Glückskekse und Knallbonbons bringen die Losung fürs neue Jahr. Arrangieren Sie sie in großen Schalen gleich neben dem Sekt zum Anstoßen um Mitternacht.*

Das Buffet macht durch Nebel aus Trockeneis auf sich aufmerksam und ist mit Fingerfood, Gabelsalaten und Desserthäppchen abwechslungsreich bestückt (Rezepte dazu finden Sie auf den Seiten 34 bis 39). Erfinden Sie doch für jedes Sternzeichen einen eigenen Cocktail oder benennen Sie die Cocktails einfach um!
Zur Unterhaltung ist alles angesagt, was mit der Zukunft zu tun hat: Spielen Sie Orakel, legen Sie Tarotkarten oder engagieren Sie eine Handleserin. Um Mitternacht erhält dann jeder Gast sein persönliches Horoskop als Geschenk (bei der Einladung die Geburtsdaten abfragen!).

ZEITREISE An Silvester, der Nacht der Nächte, macht es besonders viel Spaß, sich der verschiedenen Zeitzonen der Welt bewusst zu werden und global ins neue Jahr zu starten – und zwar so oft Sie wollen!
Legen Sie vorab die Weltstädte fest, mit denen Sie den Neujahrssprung machen wollen und markieren Sie diese auf einer Weltkarte. Stellen Sie eine mit der jeweiligen Stadt beschriftete Uhr auf dortige Zeit ein. Dann heißt es nur noch abwarten, bis die Zeiger auf Mitternacht vorrücken und der erste Countdown beginnt.
Egal, ob Sie ein mehrgängiges Menü in kleinerer Tischrunde servieren oder ein Partybuffet planen: Stimmen Sie die Gerichte auf Ihre Weltreise ab und dekorieren Sie sie mit den jeweiligen Flaggen oder typischen Accessoires. Die Partymusik sollte ebenfalls global ausgelegt sein. Sie können zum jeweiligen Neujahr ja auch die dortige Nationalhymne kurz anspielen.
Ihre Gäste bekommen zur Begrüßung verschiedene Papierhütchen, die Ihre Zeitreise durch entsprechende Gestaltung „mitmachen". Passende Einladung: ein Polaroidfoto von einer schlichten Uhr, deren Zeiger kurz vor zwölf stehen, die an einem Miniglobus befestigt ist.

MITTERNACHTSIMBISS *Nicht vergessen, auch das reichhaltigste Buffet leert sich im Laufe des Abends zusehends. Wenn die Neujahrswünsche ausgetauscht wurden und der Feuerwerksnebel sich gelichtet hat, kommt ein deftiges Süppchen gerade richtig. Alternativ dazu sollten Sie auch etwas Süßes, z.B. ein fruchtiges Sorbet oder eine Torte mit Jahreszahl, und starken Kaffee anbieten.*

FARBE BEKENNEN Mal eine ganz andere, individuellere Idee (nicht nur für Silvester geeignet!): Machen Sie Ihre Lieblingsfarbe zum Motto des Abends. Die Dekoration, das Buffet und die Getränke – alles bekommt einen Schuss davon. Erstes Gebot für Ihre Gäste ist dann auch: „Gute Laune mitbringen und Farbe bekennen (z. B. durch die Bekleidung)!"
Ob Sie rosaroten Zeiten entgegensehen oder Ihr blaues Wunder erleben möchten, überlassen Sie nichts dem Zufall und planen Sie auch das kleinste Detail. Überraschen Sie Ihre Gäste z. B. mit zur Farbe passender Partymusik (ob im Song oder im Namen des Sängers) oder mit einem neuen Cocktail in der Mottofarbe. Oder lieber mit einem Traumdessert? Vorsicht, Suchtgefahr! Wer erst einmal im Farbrausch ist, der kann kaum noch stoppen ...

TIPP *Wenn Sie zu einem „Astro-Silvester" einladen, verschicken Sie doch eine Tarotkarte als Einladung.*

Tipps für alle Fälle

Kleines Gastgeber-Abc

Als Gastgeber sollten Sie dafür sorgen, dass sich Ihre Gäste wohl fühlen und dass Sie ihnen eine entspannte und angenehme Atmosphäre bieten. Es ist zwar kein Verhalten „streng nach Knigge" gefragt, aber das Beachten einiger Regeln im Umgang miteinander erleichtert vieles.

AKKLIMATISIEREN Das können sich Ihre Gäste am besten bei einem kleinen Aperitif. Er verkürzt die Wartezeit, bis alle Gäste eingetroffen sind, ermöglicht ein erstes Kennenlernen. Klassisch serviert man einen Sekt, pur oder als Cocktail. Denken Sie auch an Autofahrer und Leute, die keinen Alkohol trinken, und stellen Sie eine Alternative bereit.

AUFTISCHEN Beim Servieren sollten Sie beachten: Teller mit angerichteten Speisen sowie auch frische Teller und Gläser werden immer von rechts serviert. Sie werden später auch wieder von rechts entfernt. Getränke schenkt man ebenfalls von rechts ein.

BEGLEITUNG Auch unter Freunden können Sie erwarten, dass niemand ungefragt mit einer Begleitung zu Ihrer Einladung erscheint. Dieser kleine Anruf muss drin sein! Um eventuelle Überraschungen zu vermeiden, fragen Sie das Thema „Begleitung" doch gleich bei Ihrer Einladung mit ab (siehe auch Seite 21).

BESCHALLUNG Musik ist für eine schöne Atmosphäre unerlässlich. Aber bitte im Stil der Einladung angemessen und in dezenter Lautstärke, die ein Tischgespräch noch problemlos ermöglicht. Stellen Sie die Lautsprecher beziehungsweise Verstärker (bei Live-Musikern) so, dass Ihre Gäste nicht unter der Beschallung leiden.

BUFFET-START Nachdem alle Gäste eingetroffen und mit einem Aperitif versorgt sind, halten Sie als Gastgeber eine kurze Rede. Bedanken Sie sich bei den Gästen, dass sie so zahlreich gekommen sind, und sagen Sie ein paar Worte zum Anlass der Feier. Vielleicht bringen Sie noch einen Toast aus und dann erklären Sie das Buffet für eröffnet.

DRESS-CODE Für Gastgeber gilt: niemals die Gäste beschämen, indem man sich eleganter stylt als diese wahrscheinlich erscheinen. Beantworten Sie Fragen nach passender Kleidung ehrlich. Informieren Sie Ihre Gäste, aus welchem Anlass Sie einladen, ob Sie ein feines, gesetztes Essen oder ein legeres Buffet planen und ob das Essen drinnen oder draußen stattfindet.

EINSCHENKEN In kleiner Runde wird dies unter Berücksichtigung der „Rangfolge" der Gäste getan: zuerst dem Ehrengast, dann den Damen, dann den Herren, jeweils den älteren vor den jüngeren. In größerer Runde schenkt man reihum ein.

EMPFANG Begrüßen Sie Ihre Gäste an der Haus- bzw. Wohnungstür und bedanken Sie sich, dass Sie der Einladung gefolgt sind. Und: Nehmen Sie sich Zeit dafür, auch wenn es gerade mal turbulent zugeht.

GÄSTEBETT Man sollte es immer gerichtet haben: für Gäste mit weiterer Anreise, wenn der Abend länger geworden ist oder wenn sich die Straßenverhältnisse plötzlich verschlechtert haben. Oder, falls ein Gast doch etwas über den Durst getrunken hat und den Heimweg nicht mehr antreten sollte.

GESCHENKE Als Gastgeber bekommt man in vielen Fällen einen Blumenstrauß geschenkt. Hierfür sollten Sie am Eingang einen (attraktiven) Eimer (z. B. aus Zink) als Zwischenlager bereithalten. Normalerweise kommen Gäste nämlich in Schüben und Sie sollten bis zur Ankunft der letzten Gäste präsent sein – und nicht gerade nach geeigneten Vasen suchen. Überreicht Ihnen Ihr Gast den Strauß oder ein anderes Geschenk, ist die beste Antwort immer ein Dankeschön. Und nicht etwa: „Das wäre doch nicht nötig gewesen ...", was nur den Gast in Verlegenheit bringt. Höflich ist es, wenn Sie das Geschenk erst beim gemeinsamen Aperitif oder nach dem Essen öffnen (merken Sie sich dann aber, von wem was ist, sonst könnte es peinlich werden).

HELPING HAND Natürlich können Sie eine Einladung als „One-Woman-Show" bzw. „One-Man-Show" ansehen. Familiärer und lockerer geht es jedoch zu, wenn man die Gäste mithelfen lässt: Wein nachschenken, CDs wechseln, Teller in die Küche bringen.

HITS FOR KIDS Sind Kinder mit von der Partie, sollten Sie auch kindgerechte Unterhaltung, wie einen Zauberer oder einen Clown, Gesichterbemalung und Kasperletheater, bieten. Oder Sie sorgen, in Abstimmung mit den Eltern, für eine geeignete Kinderbetreuung. Servieren Sie beim Essen kindgerechte, weniger stark gewürzte Portionen des gleichen Menüs. Vielleicht noch lustig garniert durch Fähnchen oder als Teller-Gesicht.

NACHSCHENKEN Dies macht man erst dann, wenn das Glas fast leer ist. Bei alkoholischen Getränken sollte man generell nachfragen, ob das Nachschenken erwünscht ist.

PROST MAHLZEIT Der Gastgeber zieht durch kurzes Klopfen am Glas die Aufmerksamkeit der Gäste auf sich und eröffnet die Tafel, indem er seinen Gästen zuprostet. Diese erwidern und prosten anschließend ihren jeweiligen Tischnachbarn zu.

RAUCHZEICHEN Das Rauchen generell zu verbieten, ist oft unhöflich. In kleinerer Runde kann der Balkon oder der Garten als Raucherzone fungieren. Bei größeren Partys sollten Sie es schon erlauben, dafür aber regelmäßig lüften und die Aschenbecher öfter zwischendurch leeren.

SCHLUSSPUNKT Einen harmonischen Ausklang Ihrer Einladung können Sie durch das Servieren des Kaffees in einem anderem Raum einleiten. Die Gäste setzen sich so nicht fest. Zu späterer Stunde lässt sich das Ende des Abends durch das Schließen der Bar deutlich machen. Oder weisen Sie bereits in der Einladung auf ein Ende hin: „...von 11 Uhr bis 12 Uhr" bei einem Empfang, der um 12 Uhr zu Ende sein soll.

TISCHGESPRÄCH Das Tischgespräch in Gang zu bringen und angenehm zu halten, ist keine leichte Gastgeberaufgabe. Wählen Sie möglichst Themen, an denen sich alle beteiligen können, die aber wenig „Zündstoff" für Grundsatzdiskussionen oder heftige Auseinandersetzungen bieten. Das können aktuelle Ereignisse aus den Nachrichten sein, aber auch Allerweltsthemen wie Mode, Literatur, Urlaubspläne oder – wenn's gar nicht anders geht – das Wetter.
Moderieren Sie als Gastgeber das Gespräch und lassen Sie im Sinne eines für alle interessanten Abends weder stundenlange „Star-Monologe" noch „Stille Wasser" zu.

VERSPÄTUNG Wenn noch jemand anruft, weil er sich verspätet, während der Großteil der Gäste bereits beim Aperitif weilt, dann können Sie sich mit Ihren Gästen ruhig schon zu Tisch begeben. Bestrafen Sie nicht die Gäste, die pünktlich waren, durch zu langes Warten!

WEIN GUSTIEREN Hier gibt es keine Regel. Entweder der Gastgeber schenkt sich selbst den ersten Schluck Wein ein und probiert oder er bittet einen Gast, den Wein zu gustieren.

WHO IS WHO? Erste Gastgeberpflicht ist das Bekanntmachen und Vorstellen. Positionieren Sie sich in der Nähe des Eingangs, begrüßen Sie die Gäste und führen Sie sie zu Leuten, zu denen sie passen. Stellen Sie den Neuankömmling vor und geben Sie zu jeder Person eine Zusatzinfo (Hobbys, ausgefallener Beruf, letztes Urlaubsziel etc.). Als Gesprächsaufhänger sind diese Infos unverzichtbar. Beim gesetzten Essen können Sie geeignete Gesprächspartner zusätzlich durch eine Tischordnung zusammenbringen.

Kleine Pannenhilfe

WAS MACHE ICH, WENN ...

... EINEM DER GÄSTE NICHT GUT IST? Wenn der Magen verstimmt ist, hilft meist ein Tee (Kamille und Pfefferminz im Verhältnis 1:1) oder etwas frische Luft (legen Sie dem Gast eine Jacke über und begleiten Sie ihn). Hilft das nicht, bieten Sie ihm einen ruhigen Raum zum Ausruhen an und/oder rufen Sie den Notarzt (Nummer am Telefon bereitlegen).

... DAS ESSEN SICH VERZÖGERT? Bleiben Sie gelassen. Entschuldigen Sie sich nicht für sich selbst, sondern bleiben Sie ein souveräner Gastgeber – und schenken Sie noch vom Aperitif nach! Etwas Knabberzeug, Oliven und gesalzene Rauchmandeln halten auch weniger geduldige Gäste (und ihre hungrigen Mägen) bei Laune.

... DAS HAUPTGERICHT ANGEBRANNT UND UNGENIESSBAR IST? Keine Panik! Natürlich läuft jetzt alles anders als geplant. Aber in einer solchen Situation beweist sich ein guter Gastgeber. Halten Sie für diesen Fall immer Vorräte für ein schnelles Ersatzgericht bereit. Erklären Sie Ihren Gästen ruhig die Situation – und kochen Sie das Ersatzgericht. Ihre Gäste werden sich auch bei Pasta mit frischer Tomatensauce oder mit Pesto aus dem Glas wohl fühlen, wenn Sie entsprechend gelassen reagieren.

... EINEM DER GÄSTE EIN FETTFLECK AUF DER SEIDENBLUSE BZW. -KRAVATTE GELANDET IST? Als Gastgeber sollten Sie darauf vorbereitet sein. Leichte Flecken lassen sich meist schon mit lauwarmen Wasser und etwas Seife ausreiben, am besten mit einem Stofftuch oder einem Waschlappen. Danach sollte der Fleck unbedingt mit einem trockenen Tuch trockengetupft werden, um die Entstehung von Rändern zu vermeiden. Legen Sie Entsprechendes bereit.

... EINE ZIGARETTE EIN LOCH IN DEN TEPPICH GEBRANNT HAT? Da kann man Ihnen nur wünschen, dass Sie noch einige Teppichreste aufgehoben haben. Denn dann können Sie am nächsten Tag die schadhafte Stelle mithilfe eines Locheisens ganz gezielt ausstechen und mit einem neuen, winzigen Stück Rest-Teppich fast unmerklich ausbessern. Ansonsten hilft nur die Läufer- oder Topfpflanzen-Methode: einfach drauf damit.

... ALLE EINEN KLEINEN MITTERNACHTSIMBISS VERTRAGEN KÖNNTEN, ABER NICHTS VORBEREITET IST? Zeigen Sie sich als Meister der Improvisation! Das kann man allerdings nur mit den entsprechenden Zutaten in Kühlschrank und Vorratskammer. Kartoffeln, Paprika und Eier verwandeln sich gekonnt in eine schmackhafte Tortilla. Aus Toastbrot, Pesto, frischen Tomaten und Mozzarella kann man schnell leckerere Toasts machen. Schneller sind nur noch Rühreier – rustikal mit Speck und frischem Bauernbrot – oder eine gute Gulaschsuppe aus der Dose, mit einem dekorativen Klecks Schmand oder saurer Sahne verfeinert.

... EIN ROTWEINFLECK AUF DER LIEBLINGSTISCHDECKE IST? Bitte nicht gleich den Tisch abdecken! Allerdings sollten Sie den Fleck nicht alt werden lassen. Bei weißen, kochfähigen Stoffen können Sie den Fleck sofort mit Salz bestreuen und mit einer Stoffserviette abdecken. Nach der Feier die Tischdecke dann in kochendes Wasser tauchen.

DRY
Mumm & Co.
ELEGANT
TROCKEN
SEIT 1922
DRY
G.H. VON MUMM & CO.
SEKTKELLEREIEN GMBH
HOCHHEIM / MAIN
DEUTSCHLAND
SEKT

Register

Im FALKEN Verlag sind zahlreiche Titel zu den Themen „Gastlichkeit, Feste feiern sowie Essen und Trinken" erschienen. Sie erhalten sie überall dort, wo es Bücher gibt.

Sie finden uns im Internet: **www.falken.de**

Dieses Buch wurde auf chlorfrei gebleichtem und säurefreiem Papier gedruckt.
Die stimmungsvollen Aufnahmen wurden mit Agfachrome RSX 100 II fotografiert.

Der Text dieses Buches entspricht den Regeln der neuen deutschen Rechtschreibung.

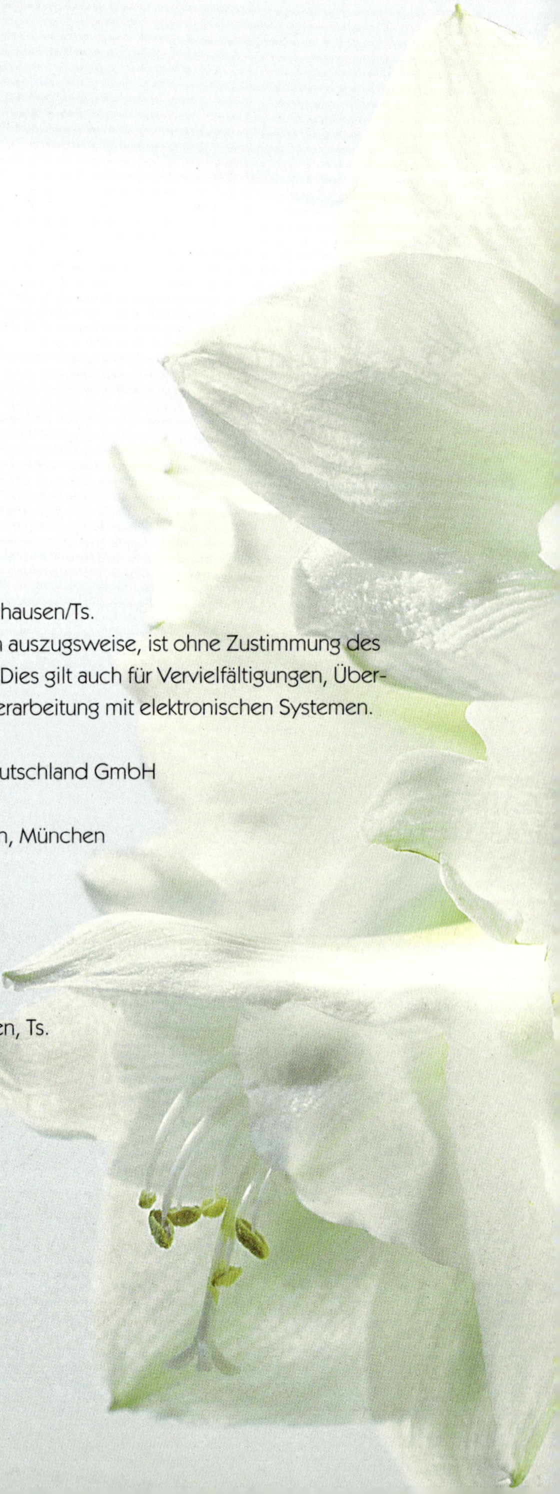

ISBN 3 8068 7649 5

Herausgeber: Mumm & Co./ Seagram Deutschland GmbH
Texte: Claudia R. Heinbach
Umschlaggestaltung: Eisele Grafik-Design, München
Layout: Eisele Grafik-Design, München
Redaktion: Birgit Wenderoth
Herstellung: Petra Zimmer
Fotos: Studio Klaus Arras, Köln
Styling: Eva Bodemer, Köln
Satz: Verlagsgruppe Falken, Niedernhausen, Ts.
Reproduktion: Lithotronic, Frankfurt
Druck: Appl, Wemding

817 2635 4453 6271